SingLiesel

Satz: Satz für Satz, Wangen im Allgäu

Umschlaggestaltung: Röser MEDIA GmbH & Co. KG, Karlsruhe
Druck und Bindung: Prime Rate Kft., Budapest

ISBN 978-3-944360-49-2

3. Auflage

www.singliesel.de

Bildnachweise: Shutterstock.com

Hinweis:
Alle Übungsvorschläge in diesem Buch sind aus der Praxis heraus entstanden und vielfach erprobt. Bitte vergessen Sie aber nicht, dass jeder Mensch seine spezielle Tagesform und seine einzigartige Biografie mitbringt, die Sie dabei vielleicht berücksichtigen müssen. Nicht jede Übung passt für jeden. Die Autorin und der Verlag haften nicht für etwaige Personen– oder Sachschäden.

Annika Schneider

Schlagergeschichten

Inhaltsverzeichnis

Tulpen aus Amsterdam (Farben) 8

Junge, komm bald wieder (Zuhause/Heimat) 15

Que será, será (Glück) 21

Das bisschen Haushalt ..., sagt mein Mann (Haushalt) 28

Ich hab noch Sand in den Schuhen aus Hawaii (Reisen, Urlaub) 35

Ganz in Weiß (Hochzeit) 41

Das machen nur die Beine von Dolores (Schöne Frauen) 47

Liebe kleine Schaffnerin (Züge) 53

Du bist die Rose vom Wörthersee (Blumen) 60

Schneewalzer (Winter) 67

Wir lieben die Stürme (Seefahrt/Abenteuer) 73

Tanze mit mir in den Morgen (Tanzen) 80

Am Rosenmontag bin ich geboren (Karneval) 87

Wir wollen niemals auseinandergehn (Freundschaft) 93

Schön ist es, auf der Welt zu sein (Freizeit) 100

Die Gedanken sind frei (Märchen) 107

In einer kleinen Konditorei (Backen) 115

Marina (Geburtstag, Alter) 121

Vorwort

„Tulpen aus Amsterdam“, „Das machen nur die Beine von Dolores“ oder „Tanze mit mir in den Morgen“ – dies sind nur drei von vielen großen Schlagertiteln, die uns in den vergangenen Jahrzehnten musikalisch begleitet und bewegt haben. In unseren Begegnungen mit Senioren und Menschen mit einer Demenz erleben wir immer wieder, dass die bekannten Schlagertitel aus den 50er-, 60er- und 70er-Jahren mit vielen Erinnerungen und Emotionen verbunden sind.

Neben dem biografischen Ansatz, den wir mit Aktivierungen und Beschäftigungsangeboten rund um die beliebten deutschen Schlager verfolgen, ist die Musik an sich ein wunderbares Element, mit dem man in der Seniorenarbeit viel erreichen und bewirken kann. Musik schafft Verbindung, sie drückt Emotionen aus und ermöglicht ganz oft eine Form der Kommunikation, die durch „einfaches“ Sprechen nicht mehr möglich ist. Besonders bei der Begleitung von Menschen mit Demenz kann man mit dem Einsatz von Musik viel bewegen.

In diesem Buch finden Sie 18 Aktivierungsstunden zu den beliebtesten und bekanntesten Schlagern der vergangenen Jahrzehnte. Im Mittelpunkt jeder Aktivierungsstunde steht eine Geschichte, in die der jeweilige Schlager verpackt wurde und bei der an den angegebenen Stellen mitgesungen werden kann. Um Ihnen als Gruppenleitung oder den teilnehmenden Senioren das Mitsingen zu erleichtern, sind die Schlagertexte hier im Buch vollständig abgedruckt.

Die Auswahl der passenden Geschichte
Die passende Schlager-Geschichte für Ihre Aktivierungsstunde können Sie unter verschiedenen Gesichtspunkten auswählen:

Der Schlagertitel. Sie können die Geschichte nach der Beliebtheit des Schlagertitels auswählen. Summt Frau Müller zum Beispiel tagein, tagaus den Schlager „Das machen nur die Beine von Dolores“, dann machen Sie ihr bestimmt eine Freude mit einer Schlager-Geschichte zu ihrem Lieblingslied. Hört Herr Schmidt gerne „Wir lieben die Stürme“, singt er an den entsprechenden Stellen mit großer Wahrscheinlichkeit kräftig mit.

Das Thema. Sie entscheiden sich für ein bestimmtes Thema. Die Geschichten rund um die Schlager sind so geschrieben, dass sie an die Biografien der heute lebenden Senioren und Menschen mit Demenz anschließen. Jede Aktivierungsstunde wurde zu einem bestimmten Thema ausgearbeitet. Eine Geschichte mit passenden Aktivierungsideen zu dem Thema Karneval finden Sie beispielsweise bei dem Schlager „Am Rosenmontag bin ich geboren". Das Thema Tanzen wird bei „Tanze mit mir in den Morgen" aufgenommen. Grundsätzlich ist es aber auch hier immer wichtig, dass Sie aufgrund Ihrer Erfahrungen mit den Teilnehmenden und Ihrem Wissen über die biografischen Besonderheiten jedes Einzelnen entscheiden, zu welchem Zeitpunkt, in welcher Gruppenkonstellation und zu welchem Thema Sie die Geschichten am besten einsetzen können.

Der Aufbau der Schlager-Geschichten

In den Schlager-Geschichten wurden 18 bekannte Schlager in einzelne Geschichten verpackt. Die Geschichten beziehen das Erlebte, die Erinnerungen an früher und die Lebenswelt der heutigen Senioren mit ein. In den Texten finden Sie zahlreiche Anknüpfungspunkte, die auch Raum für persönliche Gespräche und einen Austausch der Senioren untereinander bieten. Die Geschichte lesen Sie als Gruppenleitung vor. An den entsprechenden Stellen wird dann die angegebene Strophe des jeweiligen Schlagertitels von allen gemeinsam gesungen. Ob Sie das Lied mit musikalischer Begleitung oder a cappella singen, bleibt Ihnen überlassen. Allen, die sich bei der einen oder anderen Strophe vielleicht etwas unsicher fühlen, können Sie zu Beginn ein Liedblatt aushändigen.

So gestalten Sie die Aktivierungsstunden

Die anschließenden Aktivierungsideen beziehen sich auf ein ausgewähltes Thema rund um den Schlagertitel. Sie haben die Möglichkeit, verschiedene Elemente und Übungen in Ihre Aktivierungsstunden mit einzubeziehen. Ein kurzer Text führt in das Thema ein oder informiert über Hintergründe und Fakten zu dem jeweiligen Schlager. Mit den Einstiegsfragen können Gespräche angeregt werden, und eine erste Kontaktaufnahme unter den Teilnehmenden, aber auch mit der Gruppenleitung kann ermöglicht werden.

Sprichwörter und Redensarten. Rätsel zu passenden Sprichwörtern und Redensarten: Hier müssen beispielsweise Redensarten vervollständigt werden, verdrehte Sprichwörter entwirrt oder kleine Rätselfragen beantwortet werden.

Wussten Sie eigentlich, dass ... Interessante Fakten laden zum Staunen ein, regen Diskussionen an oder wecken das Interesse an dem Thema.

Wortspiele. Gedächtnisübungen wie Anagramme, kreative Wortspiele, Zuordnungsspiele, Wortsammlungen usw. regen die Konzentration an und fördern die Kreativität und die Gedächtnisleistung.

Bewegung. Hier finden Sie kleine Bewegungsübungen, Bewegungsspiele, Bewegungslieder und noch mehr, die viel Spaß machen und auch Bewegungsmuffel aus der Reserve locken.

Rätsel. Die Rätsel sind speziell auf die Bedürfnisse und Möglichkeiten von Senioren abgestimmt. Ansprechende Kopiervorlagen regen die Sinne an und erleichtern Ihnen die Umsetzung des Angebots.

Erinnern Sie sich an … einen Film, eine Serie, eine Fernsehsendung? Viele Schlager sind durch Filme bekannt geworden – oder auch umgekehrt. Hier finden Sie Informationen zu den Filmen, der Handlung, den Darstellern und anderen Berühmtheiten aus Film und Fernsehen.

Wie Sie in der Praxis die Schlager-Geschichten und die passenden Aktivierungen einsetzen, das können Sie ganz flexibel und individuell planen und umsetzen. Vielleicht begleiten Sie Gruppen, die dankbar für eine ganze Aktivierungsstunde sind und sich danach noch bei einer Tasse Kaffee zu dem Schlager oder dem jeweiligen Thema austauschen möchten.

Eine andere Gruppe könnte nach dem alleinigen Vorlesen der Schlager-Geschichte schon so von Eindrücken und Erinnerungen erfüllt sein, dass dies als Aktivierungsmaterial für den Tag ausreicht. Und oft spielt auch einfach die Tagesform eine entscheidende Rolle für das, was möglich ist und was nicht. Alternativ haben Sie natürlich auch immer die Möglichkeit, einzelne Aktivierungsideen aus diesem Buch für Ihre themenbezogenen Gruppenstunden zu nutzen. Oder wie wäre es mit einem musikalischen Gesangsangebot, bei dem die Schlager der vergangenen Jahrzehnte im Mittelpunkt stehen?

Ich wünsche Ihnen viel Freude mit den Schlager-Geschichten!

Annika Schneider

Tulpen aus Amsterdam (Farben)

Wenn der Frühling kommt,
dann schick ich dir Tulpen aus Amsterdam.
Wenn der Frühling kommt,
dann pflück ich dir Tulpen aus Amsterdam.
Wenn ich wiederkomm,
dann bring ich dir Tulpen aus Amsterdam,
tausend rote, tausend gelbe,
alle wünschen dir dasselbe.
Was mein Mund nicht sagen kann,
sagen Tulpen aus Amsterdam.

„Antje, ich hab dich so gerne",
sagte zum Meischen der Jan.
„Morgen muss ich in die Ferne,
Antje, was machen wir dann?"
Und bei der uralten Mühle
küssten sich zärtlich die zwei.
„Ich hab dich so lieb,
und du hast mich lieb,
ach, Antje, ich bleibe dir treu!"

Wenn der Frühling kommt,
dann schick ich dir Tulpen aus Amsterdam.
Wenn der Frühling kommt,
dann pflück ich dir Tulpen aus Amsterdam.
Wenn ich wiederkomm,
dann bring ich dir Tulpen aus Amsterdam,
tausend rote, tausend gelbe,
alle wünschen dir dasselbe.
Was mein Mund nicht sagen kann,
sagen Tulpen aus Amsterdam.

Text: Klaus Günter Neumann und Ernst Bader
Musik: Ralf Arnie
Bekannter Interpret: Rudi Carrell

Schlagergeschichte

Vor knapp drei Jahren bekam Jan das Angebot seiner Firma, in einer Außenstelle im Ausland zu arbeiten. Genauer gesagt, im Herzen von Amsterdam. Antje und Jan waren zu diesem Zeitpunkt gerade ein Jahr ein Paar. Es war eine schwierige Entscheidung – für beide. Immerhin bedeutete dies für das junge Glück, dass sie sich in der näheren Zukunft nur sehr selten oder auch eine Zeit lang gar nicht würden sehen können. Trotzdem entschieden sich beide, diesen Schritt zu gehen – gemeinsam. Antje blieb in Deutschland und war sich sicher: Wenn sie beide füreinander bestimmt waren, würde ihre Beziehung auch die zeitweilige räumliche Trennung überstehen. Und für Jan stand fest, dass er sofort nach Deutschland zurückkommen würde, wenn er sich in Amsterdam nicht wohlfühlte oder gar die Beziehung zu Antje unter der Entfernung leiden würde. Und er versprach ihr ganz fest:

Wenn der Frühling kommt,
dann schick ich dir Tulpen aus Amsterdam.
Wenn der Frühling kommt,
dann pflück ich dir Tulpen aus Amsterdam.
Wenn ich wiederkomm,
dann bring ich dir Tulpen aus Amsterdam,
tausend rote, tausend gelbe,
alle wünschen dir dasselbe.
Was mein Mund nicht sagen kann,
sagen Tulpen aus Amsterdam.

Der Umzug fand im Januar statt, drei Wochen nach Weihnachten. Antje half Jan beim Packen und achtete darauf, dass er alles hatte, um sich die neue Wohnung gemütlich einzurichten. Jan fand das nicht nötig, schließlich würde er dort nur Zeit zum Schlafen verbringen und, wann immer es ginge, zu Antje nach Deutschland kommen. Sie wollte trotzdem, dass er sich dort wohlfühlte. Die Tage vergingen, und die Zeit des Abschieds rückte näher und näher. Dick und warm eingepackt machten sie noch einen gemeinsamen Ausflug zur alten Mühle, dorthin, wo sie sich eineinhalb Jahre zuvor das erste Mal geküsst hatten. Am Morgen danach machte Jan sich auf den Weg nach Amsterdam. Allein ...

„Antje, ich hab dich so gerne“,
sagte zum Meischen der Jan.
„Morgen muss ich in die Ferne,
Antje, was machen wir dann?“
Und bei der uralten Mühle
küssten sich zärtlich die zwei.
„Ich hab dich so lieb,
und du hast mich lieb,
ach, Antje, ich bleibe dir treu!“

Die erste Zeit getrennt voneinander war für beide nicht leicht. Fast täglich schrieben sie sich Briefe. Jan berichtete von den riesigen Tulpenfeldern nahe der Stadt, die allerdings zu dieser Zeit noch nicht blühten. Dafür schickte er seiner Antje farbenprächtige Karten mit den schönsten Tulpenbildern. Die gelben und die roten Tulpen fand Jan am schönsten. Schon nach einem Monat war Antjes Küche übersät von gelben und roten Farbtupfern – überall standen oder hingen Jans Tulpen-Karten: auf der Fensterbank, an der Pinnwand neben der Küchentür und auf dem Regal über der Heizung. Kurzum, Antjes Küche verwandelte sich innerhalb kürzester Zeit in ein Meer aus Rot und Gelb. Und dann war es endlich so weit: die ersten Amsterdamer Tulpen blühten. Sofort packte Jan für seine Antje einen Strauß rote und einen Strauß gelbe Tulpen in ein Päckchen und hoffte, dass die Tulpen wohlbehalten in Deutschland ankommen würden. Und das taten sie. Antje stellte den rot-gelben Tulpentraum auf den Küchentisch, inmitten von Jans Karten. Und selbstverständlich brachte er ihr bei seinem nächsten Besuch auch einen wunderschönen Strauß mit. So ging es über die Jahre: Im Frühling war Antjes Wohnung in ein Meer aus gelben und roten Tulpen getaucht. Das restliche Jahr hindurch zierten Fotos und Karten ihre Fensterbänke, Regale und die Pinnwand ...

Wenn der Frühling kommt,
dann schick ich dir Tulpen aus Amsterdam.
Wenn der Frühling kommt,
dann pflück ich dir Tulpen aus Amsterdam.
Wenn ich wiederkomm,
dann bring ich dir Tulpen aus Amsterdam,
tausend rote, tausend gelbe,
alle wünschen dir dasselbe.

Was mein Mund nicht sagen kann,
sagen Tulpen aus Amsterdam.

Immer öfter besuchte auch Antje Jan in Amsterdam. Und mit ihrer Beziehung wuchs auch ihre Liebe zu der niederländischen Stadt. Drei Jahre sind nun fast um. Allerdings wird Jan nicht, wie vorher geplant, wieder zurück nach Deutschland kommen. Nein, Antje und Jan sind gerade dabei, in Amsterdam in eine größere Wohnung zu ziehen. Seinen Auslandsvertrag hat er für einige Jahre verlängert. Und im nächsten Frühjahr wird endlich geheiratet. Antje und Jan haben zu einer Tulpenhochzeit eingeladen – in einem Traum aus roten und gelben Tulpen inmitten der Tulpenfelder nahe Amsterdam. Denn was ein Mund nicht sagen kann, sagen Tulpen aus Amsterdam ...

Aktivierungen

Unsere Welt ist voller Farben. Jeden Tag begegnen wir unzähligen Farbtönen, die wir alle, meist unbewusst, mit unseren Augen wahrnehmen. Verschiedenen Farben werden unterschiedliche psychische Wirkungen nachgesagt. So sind beispielsweise Rot und Gelb, wie sie in dem Schlager „Tulpen aus Amsterdam" vorkommen, sogenannte warme Farbtöne. Auch Orange ist so ein warmer Farbton. Rot wird zudem als die Farbe der Liebe bezeichnet – ihre kräftige und auffallende Wirkung verbinden wir mit Schönheit und Attraktivität. Zu den Farbtönen, die als kalt empfunden werden, gehören hingegen Blau, Türkis und Blaugrün.

Mögliche Einstiegsfragen
Welche Farben mögen Sie besonders gerne?
Gibt es Farben, die Sie mit besonderen Anlässen verbinden? (Weiß – Hochzeit, Winter; Schwarz – Trauer ...)
Welche Tulpenfarbe haben Sie am liebsten?

Sprichwörter und Redensarten

Welche Redensarten werden hier gesucht?
Wenn man unbedingt das haben möchte, was ein anderer hat, dann wird man wie vor Neid?
Lösung: Gelb (oder grün) vor Neid.

Jemand, auf dessen Handeln eine unangenehme Überraschung folgt, erlebt welches Wunder?
Lösung: Er erlebt sein blaues Wunder.

Wenn man mit seinem Unternehmen keinen Gewinn macht, dann schreibt man nicht schwarze Zahlen, sondern ...?
Lösung: Man schreibt rote Zahlen.

Jemand, der eine schier unendlich lange Zeit warten muss, der wartet, bis er wie wird?
Lösung: Bis er schwarz wird.

Wenn jemand unschuldig ist, dann hat er eine Weste in welcher Farbe?
Lösung: Eine weiße Weste.

Wenn man darauf hinweisen möchte, dass Unterschiede in der Dunkelheit nur schwer zu erkennen sind, dann sagt man, dass nachts alle Katzen wie sind?
Lösung: Nachts sind alle Katzen grau.

Jemandem, der mit Pflanzen besonders gut umgehen kann, dem sagt man was für einen Daumen zu?
Lösung: Einen grünen Daumen.

Wussten Sie eigentlich, ...

- dass die Farben, die wir im Alltag sehen, der für uns sichtbare Teil elektromagnetischer Strahlung sind?
- dass wir Menschen die Farben um uns herum alle ein wenig anders wahrnehmen? Dies ist abhängig von Licht, Schatten und von unserer Wahrnehmungsfähigkeit.
- dass unsere Rezeptoren auf der Netzhaut, die für die visuelle Wahrnehmung sorgen, Stäbchen und Zapfen heißen?
- dass es heute viel mehr Farbbezeichnungen gibt als noch vor hundert Jahren?

Wortspiele

Zusammengesetzte Adjektive

▷ Bei dieser Übung sollen zusammengesetzte Adjektive ergänzt werden. Der erste Teil des Wortes ist jeweils vorgegeben. Lesen Sie die Satzanfänge langsam vor, und lassen Sie die Senioren ergänzen.

Das Kleeblatt ist gras ... *grün.*
Die Söckchen sind himmel ... *blau.*
Die Narzisse blüht sonnen ... *gelb.*
Der Lippenstift ist kirsch ... *rot.*
Der Anzug ist kohlraben ... *schwarz.*
Die Wäsche ist blüten ... *weiß.*
Ihre Augen sind reh ... *braun.*
Die Schleife ist schweinchen ... *rosa.*

Erinnern Sie sich an ...

Den Film: „Blau blüht der Enzian"

In der Verwechslungskomödie aus dem Jahr 1973 singt Heino seinen damals aktuellen Schlagertitel Blau blüht der Enzian, der zugleich die Titelmusik ist. Weitere Schlager, die in dem Film vorkommen, sind unter anderem Sugar Daddy, Ein Festival der Liebe, David und Goliath, sowie Michaela und Solange ich lebe von Bata Illic. Gedreht wurde er in der Nähe von Kitzbühel und am Traunsee.

Wer hat mitgespielt? Ilja Richter, Catharina Conti, Hansi Kraus, Hans Terofal, Jutta Speidel, Ellen Umlauf, Evi Kent, Heinrich Schweiger ...

Die Handlung

Die Schüler der Hotelfachschule Schloss Thannberg in der Nähe von Kitzbühel kommen in den Winterferien heimlich in ihre Schule zurück.

- Lilo, die Nichte des Hausmeisters Haselmeier, hätte als Einzige dableiben sollen, um zwischendurch den Ofen zu feuern.
- Lilo verliert 15 000 DM Schuleinnahmen, die sie eigentlich auf ein Konto hätte einzahlen sollen

- Die Schüler planen einen Gesangswettbewerb, der das Geld wieder einspielen soll.
- Durch einen Zufall mietet sich der Millionär Henry Morton in die nobel aussehende Schule ein, die Schüler wittern ihre Chance und bewirten ihn, so gut sie können.
- Morton wartet währenddessen auf den vermeintlich erfolgreichen Geschäftsmann O. W. Müller.
- Als Hausmeister Haselmeier an die Schule zurückkehrt, hält Morton ihn für Müller.
- Das Durcheinander rund um die Verwechslungen nimmt seinen Lauf.
- Zudem verliebt sich Mortons erste Sekretärin, Fräulein Bracke, in Haselmeier und seine zweite Sekretärin, Fräulein Wenzel, in den aufmüpfigen Hotelfachschüler Pinky.
- Pinky nimmt, ohne es zu wissen, an einem Skirennen teil und findet zufällig die verlorenen 15 000 DM im Kohlenkeller.
- Somit sind die Schule und Lilo, die Nichte des Hausmeisters gerettet.

Kennen Sie den Film? Gefällt er Ihnen?

Junge, komm bald wieder (Zuhause/Heimat)

Junge, komm bald wieder, bald wieder nach Haus.
Junge, fahr nie wieder, nie wieder hinaus.
Ich mach mir Sorgen, Sorgen um dich.
Denk auch an morgen, denk auch an mich.
Wohin die Seefahrt mich im Leben trieb,
ich weiß noch heute, was mir Mutter schrieb.
In jedem Hafen kam ein Brief an Bord.
Und immer schrieb sie: „Bleib nicht so lange fort."

Junge, komm bald wieder, bald wieder nach Haus.
Junge, fahr nie wieder, nie wieder hinaus.
Ich mach mir Sorgen, Sorgen um dich.
Denk auch an morgen, denk auch an mich.
Ich weiß noch, wie die erste Fahrt verlief.
Ich schlich mich heimlich fort, als Mutter schlief.
Als sie erwachte, war ich auf dem Meer.
Im ersten Brief stand: „Komm doch bald wieder her."

Junge, komm bald wieder, bald wieder nach Haus.
Junge, fahr nie wieder, nie wieder hinaus.
Ich mach mir Sorgen, Sorgen um dich.
Denk auch an morgen, denk auch an mich.

Text: Walter Rothenburg
Musik: Lotar Olias
Bekannter Interpret: Freddy Quinn

Schlagergeschichte

Martin ist auf dem Weg nach Hause. Die Feiertage wird er bei seinen Eltern verbringen. Martin kommt gern nach Hause. Obwohl er, ehrlich gesagt, damals auch gerne ausgezogen ist, um einen neuen Lebensabschnitt zu beginnen. Er hat sich gefreut, in eine andere Stadt zu kommen, neue Menschen kennenzulernen und endlich eine Ausbildung zu beginnen. Eigenes Geld, eine eigene Wohnung – das alles war sein großer Traum. Der Abschied war für seine Mutter jedoch nicht so einfach gewesen. Schon bevor er überhaupt ausgezogen war, fragte sie jeden

Tag mehrmals, wann er wieder nach Hause kommen würde ...

Junge, komm bald wieder, bald wieder nach Haus.
Junge, fahr nie wieder, nie wieder hinaus.
Ich mach mir Sorgen, Sorgen um dich.
Denk auch an morgen, denk auch an mich.
Junge, komm bald wieder, bald wieder nach Haus.
Junge, fahr nie wieder, nie wieder hinaus.
Ich mach mir Sorgen, Sorgen um dich.
Denk auch an morgen, denk auch an mich.

Martin fährt mit dem Zug nach Hause. Er mag die Strecke in Richtung Heimat: über Felder, an Wäldern vorbei und durch die großen Städte. Er nutzt die Fahrtzeit, um in Gedanken zu schwelgen. Wie oft ist er diese Strecke jetzt schon gefahren? Nach Hause. In die Heimat. In die kleine Stadt, in der er aufgewachsen ist ... Ein wenig Wehmut begleitet ihn auf diesen Fahrten immer. Schön war's damals gewesen. Er hatte eine schöne Kindheit, ist behütet aufgewachsen und hatte viele Freunde. Es hat ihm an nichts gefehlt. Und trotzdem, irgendwann überkam ihn der Wunsch, auch mal etwas anderes zu erleben: eine größere Stadt, andere Menschen und vielleicht auch eine neue Herausforderung. Einen Ausbildungsplatz fand er schnell. Das Angebot war verlockend. Allerdings war der Betrieb etwa 300 Kilometer von seinem Elternhaus entfernt. Seiner Mutter brach es das Herz. Und es dauerte, bis sie sich daran gewöhnte, ihren Martin nicht mehr jeden Tag zu sehen. In der ersten Zeit nach ihrem Abschied schrieb sie ihm viele Briefe. Unter jedem ihrer Briefe stand: „Bleib nicht so lange fort ..."

Wohin die Seefahrt mich im Leben trieb,
ich weiß noch heute, was mir Mutter schrieb.
In jedem Hafen kam ein Brief an Bord.
Und immer schrieb sie: „Bleib nicht so lange fort."

Junge, komm bald wieder ...

Als damals der Tag kam, an dem Martin auszog, versuchten sie den Abschied so kurz und schmerzlos wie möglich zu halten. Eine innige Umarmung von der Mutter, ein Kuss auf die Wange und ein herzliches Schulterklopfen vom Vater. Dann stieg er in den Zug und fuhr ab. Die erste Zeit in der neuen Stadt – in der ersten eigenen Wohnung, im Betrieb und vor allem mit den neuen Kollegen – war für Martin ganz besonders spannend. Er blühte förmlich auf. Er ging ins Kino, wurde ins Theater eingeladen, verabredete sich in Kneipen und hatte eigentlich wenig Heimweh. Trotzdem besuchte er seine Eltern. Nicht oft, aber regelmäßig und natürlich zur großen Freude seiner Mutter. Nach einigen Jahren kam jedoch eine Zeit, in der Martin wirklich so etwas wie Heimweh verspürte. Er sehnte sich nach Wochenenden in der Heimat – dort musste er an nichts denken, konnte den ganzen Tag über Bücher lesen, vertraute Wege gehen und die Hausmannskost seiner Mutter genießen. In diesen Momenten begriff er, wie gern er eigentlich zu Hause war …

Ich weiß noch, wie die erste Fahrt verlief.
Ich schlich mich heimlich fort, als Mutter schlief.
Als sie erwachte, war ich auf dem Meer.
Im ersten Brief stand: „Komm doch bald wieder her."

Junge, komm bald wieder …

Heute fühlt er sich sowohl in seinem alten als auch in seinem neuen Zuhause pudelwohl. Die Lehre hat er längst hinter sich gelassen und steht mit beiden Beinen fest und sicher im Berufsleben. Er hat eine gemütliche Wohnung mit tollem Ausblick auf den Rhein, eine gehobene Position in der Firma und sogar einen eigenen Wagen. Seine Eltern besucht er weiterhin – wenn auch nicht mehr ganz so oft wie früher. Besonders an den Feiertagen ist es ihm immer ein Anliegen, in die alte Heimat zu seinen Eltern zu fahren. Und dafür nimmt er immer noch stets den Zug.

Zufrieden schwelgt er auf der Fahrt in Erinnerungen und lässt auch die vergangenen Tage der Woche Revue passieren. Martin freut sich auf die alten Traditionen und das Festtagsessen. Und darauf, seine Familie und die alten Freunde wiederzutreffen. Dass seine Mutter ihn nach jedem Besuch bittet, bald wieder nach Hause zu kommen, hat sich zu einem besonderen Abschiedsritual entwickelt, bei dem sich die beiden vergnügt zuzwinkern. Denn eigentlich weiß die Mutter, dass es Martin gut geht, dass sie sich keine Sorgen zu machen braucht und dass er, sobald es möglich ist, wieder zu Besuch kommt. Sie sagt es trotzdem immer wieder. Sicher ist sicher …

Ich mach mir Sorgen, Sorgen um dich.
Denk auch an morgen, denk auch an mich.

Junge, komm bald wieder ...

Martin hat für die baldigen Feiertage eine Überraschung im Gepäck: Marion. Martin und Marion sind seit einigen Monaten ein Paar. Martin kommen die Feiertage gerade recht. Für ihn ist es an der Zeit, Marion sein Zuhause zu zeigen, in dem er aufgewachsen ist und so viel Liebe erfahren durfte. Seine Mutter war völlig aus dem Häuschen, als sie von Marion erfuhr, und sie freut sich sehr, die junge Frau endlich kennenzulernen. Die beiden schauen aus dem Zugfenster hinaus in die Landschaft. „Gleich sind wir da", sagt Martin und nimmt ihre Hand ...

Aktivierungen

Jeder braucht ein Zuhause! Einen Ort, an dem man sich sicher fühlt. An den man immer zurückkehren kann – ganz egal, wie es einem geht. Vielleicht verbindet man sein Zuhause auch mit einer wichtigen geliebten Person, bei der man sich wohlfühlt. Neben dem Wort Zuhause gibt es auch noch den Begriff Heimat. Für die einen ist die Heimat der Ort, an dem sie geboren wurden und aufgewachsen sind. Ein Ort, der sie geprägt hat. Für andere wiederum ist Heimat einfach der Ort, an dem sie sich wohl-, anerkannt und geborgen fühlen ...

Mögliche Einstiegsfragen
Was bedeutet das Wort „Zuhause" für Sie? Wo ist Ihre Heimat? Gibt/gab es jemanden in Ihrem Leben, bei dem Sie sich immer zu Hause fühlen (konnten)? Haben Sie jemals Ihr Zuhause verloren? Wo haben Sie ein neues gefunden?

Sprichwörter und Redensarten

Ergänzen Sie die folgenden Sprichwörter, Sprüche und Redensarten
Die Heimat des Abenteurers ... *ist die Fremde.*
Trautes Heim, ... *Glück allein.*
Die Heimat ist, wo man dich gern erscheinen, ungern ziehen sieht.
Sie ist's, ... *ob auch in weiter Ferne die Mutter sang dein Wiegenlied.*
Heim und Herd sind ... *Goldes wert.*

Vergiss nie deine Heimat, wo deine Wiege stand, … *denn in der Ferne findest du kein zweites Heimatland.*
Erst die Fremde lehrt uns, … *was wir an der Heimat haben.*
Die Heimat ist nie schöner, als wenn man … *in der Fremde von ihr spricht.*

Wussten Sie eigentlich, …

– dass das ungarische Wort für Heimat „Elternerde“ bedeutet?
– dass Deutschland als die Heimat des Buchdrucks gilt?
– dass der Begriff „Heimat“ fast nur in der Einzahl verwendet wird?

Reimrätsel

Lesen Sie das Gedicht langsam und betont vor. Lassen Sie die Senioren jeweils das letzte Reimwort selbst ergänzen. Wer erinnert sich am Ende des Rätsels, welche fünf Behausungen im Text vorkamen?

Hugo braucht nicht viel zum Wohnen,
denn das Reisen muss sich lohnen.
Am liebsten reist er um die Welt
in seinem praktisch-kleinen … ***Zelt.***

Für Ernst hingegen ist's ein Segen,
getane Arbeit wegzulegen.
Er ruht sich gerne danach aus –
macht sich's bequem in seinem … ***Haus.***

Ilse ist stets unterwegs,
liest hier ein Buch, isst dort 'nen Keks.
So fährt sie oft an Montagen
zum See in ihrem … ***Wohnwagen.***

Bereitet etwas Karl Verdruss,
zieht's ihn hinaus zum ruhigen Fluss.
Hat selbst gezimmert, nicht aus Not,
sondern aus Liebe sein … ***Hausboot.***

Der Frühjahrsputz kommt alle Jahre,
für Susi ist er keine Plage.
Danach gönnt sie sich als Belohnung
ein Gläschen Wein in ihrer ... ***Wohnung.***

Erinnern Sie sich an ...

... den Film: *„Heimweh nach St. Pauli"?*

Der Musikfilm „Heimweh nach St. Pauli" erschien im Jahr 1963 und beruht auf dem gleichnamigen Musical, das im Jahr 1962 in Hamburg uraufgeführt wurde. In beiden Produktionen spielte Freddy Quinn die Hauptrolle und sang unter anderem das Lied „Junge, komm bald wieder".

Wer hat mitgespielt? Freddy Quinn, Jayne Mansfield, Josef Albrecht, Erna Sellmer, Christa Schindler ...

Die Handlung

- Der Hamburger Hein Steinemann lebt in New York City und ist dort unter dem Namen „Jimmy Jones" ein bekannter Musiker.
- Aus Heimweh kehrt er mit seiner Kollegin Evelyne eines Tages zurück nach Hamburg, zum Ärger seiner Manager in den USA, die ihm just hinterherreisen.
- Hein war einst, ohne sich zu verabschieden, als Seemann nach Amerika geflohen, nachdem er 1 000 Mark verspielt hatte, die seiner Mutter gehörten.
- Diese verzeiht ihm nun und nimmt ihren Sohn wieder auf. Von seiner Berühmtheit ahnt sie jedoch nichts.
- Hein arbeitet fortan am familieneigenen Blumenstand.
- Während seines Aufenthalts in Hamburg lernt er die junge Rosie kennen, auch sie weiß bis zum Schluss nichts von seinem Reichtum.
- Hein entscheidet sich, wieder wie früher zur See zu fahren, und heuert auf einem Schiff an. Rosie verspricht, auf ihn zu warten.

Kennen Sie den Film? Mögen Sie ihn?

Que será, será (Glück)

When I was just a little girl
I asked my mother, what will I be?
Will I be pretty,
will I be rich?
Here's what she said to me.

Que será, será,
whatever will be, will be.
The future's not ours to see.
Que será, será.
What will be, will be.

When I grew up and fell in love,
I asked my sweetheart, what lies ahead?
Will we have rainbows
day after day?
Here's what my sweetheart said.

Que será, será,
whatever will be, will be.
The future's not ours to see.
Que será, será,
what will be, will be.

Now I have children of my own.
They ask their mother, what will I be?
Will I be handsome,
will I be rich?
I tell them tenderly:

Que será, será,
whatever will be, will be.
The future's not ours to see.
Que será, será.
What will be, will be. Que será, será.

Text: Ray Evans
Musik: Jay Livingston
Bekannte Interpretin: Doris Day

Schlagergeschichte

Florian wollte als Kind immer Feuerwehrmann werden. Sein größter Wunsch war es, Brände zu löschen und Menschen zu retten. Florian träumte von einer blauen Uniform, von Einsätzen mit großen Feuerwehrautos, von Rettungseinsätzen mit dem Hubschrauber und einem ausgebildeten Dalmatiner als Rettungshund an seiner Seite. Wie viele Bücher er über die Feuerwehr hatte, konnte er schon gar nicht mehr zählen. Als Jugendlicher war er früh Mitglied der freiwilligen Feuerwehr gewesen. Dort verbrachte er einen großen Teil seiner Freizeit nach der Schule, machte viel Sport und lernte zahlreiche Rettungsmaßnahmen kennen. Doch es sollte ganz anders kommen. Florian war ein so guter Schüler, dass er schnell eine Lehrstelle angeboten bekam. Seinen Eltern war es wichtig, dass er eine gute Ausbildung machte. So ging er bei einem Rechtsanwalt in die Lehre. Seine guten Leistungen machten es möglich, dass er an seine Ausbildung noch ein Studium anschließen konnte. Heute ist Florian ein erfolgreicher Anwalt. Florian ist glücklich in seinem Beruf! Für ihn war es die richtige Entscheidung – auch wenn er es eigentlich anders geplant hatte. Seine Freizeit verbringt er aber bei der freiwilligen Feuerwehr. So ist doch ein Teil seines Kindertraums wahr geworden ...

When I was just a little girl
I asked my mother, what will I be?
Will I be pretty,
will I be rich?
Here's what she said to me.
Que será, será,
whatever will be, will be.
The future's not ours to see.
Que será, será.
What will be, will be.

Anna und Gerd sitzen gemütlich auf dem Sofa und lesen die Tageszeitung. Es ist schon nach zwanzig Uhr, die Tagesschau ist schon gelaufen. Sie haben sie verpasst – mal wieder. Auf dem Teppich im Wohnzimmer liegen noch einige Bauklötze, eine Puppenmütze und ein Malblock. Es ist ruhig in der Wohnung, Anna und Gerd genießen die Stille. Die Kinder haben sie gerade ins Bett gebracht. Alle vier schlafen jetzt. Die Eltern sind glücklich und zugleich hundemüde. Das gemeinsame Zeitunglesen lassen sie sich aber nicht nehmen, es gehört quasi zu ihrem alltäglichen Abendritual. Anna schaut von ihrer Zeitung hoch und lächelt Gerd müde an: „Weißt du noch, wie unser Familienplan vor einigen Jahren aussah?" Gerd muss sofort grinsen. Neben ihm liegt noch die Puppe der Jüngsten auf dem Sofa. „Du meinst, dass wir gedacht haben, wir würden mit einem Kind gesegnet werden und in einer gemütlichen Wohnung in der Stadt leben ...?" Verlegen schaut Anna auf ihre ausgestreckten Füße. Und lächelt schnell wieder. „Ja. Nach Paul kam dann Lea. Und ganz schnell hinterher noch Marie. Und wer hätte gedacht, dass der liebe Gott uns dann noch Max in die Wiege legen würde?" Gerd streichelt ihr über die Schulter und zwinkert ihr zu: „Ja, und genau deswegen haben wir auch dieses traumhafte Haus im Grünen." Mit seiner bestimmten und überzeugenden Art schafft er es immer wieder, Anna das Gefühl zu geben, dass alles in ihrem Leben richtig ist – so, wie es ist. Auch wenn es vielleicht einmal anders geplant gewesen war. Oder vielleicht gerade deswegen ...

When I grew up and fell in love,
I asked my sweetheart, what lies ahead?
Will we have rainbows
day after day?
Here's what my sweetheart said.
Que será, será,
whatever will be, will be.
The future's not ours to see.
Que será, será,
what will be, will be.

Rita und Gerda sitzen am Kaffeetisch. Jeden Samstag und jeden Mittwoch treffen sich die beiden zum gemeinsamen Kaffeetrinken, schon seit über vierzig Jahren – samstags bei Rita und mittwochs bei Gerda. Heute ist Samstag, also sitzen sie in Ritas Küche. Es gibt frischen Kaffee und Spritzgebäck. Das Spritzgebäck backt Rita immer selbst. Da am morgigen Sonntag ihre Tochter mit Schwiegersohn und den beiden Enkelkindern kommt, hat sie besonders viele Plätzchen gebacken. Schließlich sollen die vier auch noch eine gefüllte Plätzchendose mit nach Hause nehmen. Gerda tunkt ein Plätzchen in ihre Kaffeetasse und schließt die Augen. „Lecker! Wie früher ...", murmelt sie genüsslich. Wenn Rita und Gerda sich treffen, unterhalten sie sich meist zuerst über die Neuigkeiten aus der Nachbarschaft, die Angebote im Gemischtwarenladen und die Nachrichten, die sie des Morgens in der Zeitung gelesen haben. Nach einer halben Stunde kommen sie aber meist dazu, in Erinnerungen zu schwelgen. Was sie nicht alles schon zusammen erlebt haben – schöne sowie schwierige Zeiten. Dass sie heute, nach der langen Zeit, nun noch so gut befreundet sind, hätten sie wahrscheinlich vor vierzig Jahren nicht für möglich gehalten. Sie haben aber, ehrlich gesagt, auch nicht darüber nachgedacht. „Was hilft auch das ganze Planen? Erstens kommt es anders, und zweitens als du denkst …", sagt Rita immer. Rita ist diejenige der beiden, die gerne in den Tag hineinlebt. Sie schmiedet nicht viele Pläne. Gerda hingegen macht sich viele Gedanken darüber, was die Zukunft bringen könnte. Sie hat lange Zeit jeden Tag zuverlässig ihren Beruf ausgeübt, ihr Geld gespart und ihr Haus gepflegt. Rita hat sich liebevoll um ihre Familie gekümmert. Bei drei Kindern war es oft notwendig, flexibel zu reagieren und Pläne zu ändern. Deshalb machte sie bald keine mehr. Sie hat eine kleine Rente, die reicht ihr. Glücklich sind beide – auch, weil sie einander haben. Und mit einer guten Freundin an der Seite ist es egal, was das Leben und die Zukunft mit sich bringen. Die Hauptsache ist, man ist nicht allein …

Now I have children of my own.
They ask their mother, what will I be?
Will I be handsome,
will I be rich?
I tell them tenderly:
Que será, será,
whatever will be, will be.
The future's not ours to see.
Que será, será.
What will be, will be.
Que será, será.

Aktivierungen

Glück – es gibt Menschen, für die ist das Glück planbar. Sie haben eine bestimmte Vorstellung davon, was Glück für sie bedeutet. Doch im Leben ist nicht immer alles vorbestimmbar. Es gibt eine Redensart, die das gut beschreibt: „Erstens kommt es anders, und zweitens als man denkt …" Wie oft sind wir in Momenten glücklich, in denen wir es nie für möglich gehalten haben, dass sie uns auf diese besondere Weise begegnen werden. Momente, die uns einfach ergreifen: eine Umarmung, eine Begegnung, ein Blick. Und wie oft empfinden wir Glück, obwohl wir uns unser Leben ganz anders vorgestellt haben? Doris Day singt in „Que será" die Zeile „The future's not ours to see ..." – in die Zukunft sehen können wir nicht. Lassen Sie sich von den kleinen Glücksmomenten in Ihrem Leben ergreifen, denn oft wird aus dem kleinen das größte Glück ...

Mögliche Einstiegsfragen

An welche Augenblicke Ihres Lebens erinnern Sie sich, in denen Sie sehr glücklich waren?

Besitzen Sie einen Glücksbringer? In welchen Situationen hat er Ihnen Glück gebracht?

Wenn Sie Glück mit drei Worten beschreiben müssten, welche wären das?

Sprichwörter und Redensarten

▷ Lesen Sie das Ende dieser Sprichwörter rund um das Glück vor. Können die Senioren die jeweiligen Satzanfänge ergänzen und einen vollständigen Satz bilden?

... seines Glückes Schmied. *(Lösung: Ein jeder ist seines Glückes Schmied.)*
... schlägt keine Stunde. *(Lösung: Dem Glücklichen schlägt keine Stunde.)*
... Glück in der Liebe. *(Lösung: Pech im Spiel, Glück in der Liebe.)*
... von oben. *(Lösung: Alles Gute kommt von oben.)*
... bringen Glück. *(Lösung: Scherben bringen Glück.)*

Wussten Sie eigentlich, ...

- dass das Streben nach Glück in Amerika zu den Grundrechten gehört, die in der Unabhängigkeitserklärung der Vereinigten Staaten festgeschrieben wurden? („Pursuit of Happiness")
- dass das Wort „Glück" vom mittelhochdeutschen „gelück" kommt? Dies bedeutet: die Art, wie etwas endet oder gut ausgeht.
- dass es im Buddhismus Methoden und Vorgehensweisen gibt, die einen Menschen dabei unterstützen, das Glücklichsein zu erlernen.

Wortspiele

Gedächtnis-Spiel

▷ Zu dem Thema Glück können Sie ein schönes Gedächtnis-Spiel mit kleinen Glücksbringern für die Senioren gestalten.

Material:

2 Pappbecher pro Glücksbringer
Pappe, Bleistift, Schere und Stift
evtl. ein Laminiergerät
kleine „Glücksbringer", die unter den Bechern versteckt werden können, z. B. ausgedruckte Bilder oder kleine Figuren (rund um Silvester und Neujahr sind solche Figuren erfahrungsgemäß gut zu bekommen).

Beispiele für Glücksbringer:
Glückspfennig
vierblättriges Kleeblatt
Glücksschweinchen
Schornsteinfeger
Marienkäfer
Hufeisen
Fliegenpilz

Zu jedem der Glücksbringer wird eine Wortkarte hergestellt. Stellen Sie dazu den Becher auf die Pappe, umfahren Sie den Becherrand mit einem Stift, schneiden Sie den entstandenen Kreis aus, und schreiben Sie den Namen des Glücksbringers auf den Pappkreis. Nun haben Sie jeden Glücksbringer einmal als Figur/Bild und einmal als geschriebenes Wort.

Spielanleitung:

Die Wortkarten und die Figuren werden auf dem Tisch verteilt und unter den Pappbechern versteckt. Die Mitspieler sollen nun die passenden Pärchen finden, indem sie pro Spielzug zwei Becher aufdecken. Wer ein Pärchen gefunden hat, darf es vor sich hinlegen und die beiden Pappbecher zur Seite stellen. Ist kein Pärchen zum Vorschein gekommen, werden die Glücksbringer wieder verdeckt, und der Nächste ist an der Reihe.
Als vereinfachte Variante können beispielsweise alle Wortkarten aufgedeckt

bleiben. So müssen nur noch die Bilder/Figuren den richtigen Begriffen zugeordnet werden.

Erinnern Sie sich ...

... an den Film „Der Mann, der zu viel wusste"?

Das Lied „Que será" wurde für den 1956 gedrehten Hitchcock-Film „Der Mann, der zu viel wusste" geschrieben. Gesungen wurde es von Doris Day, und es wurde im Jahr 1957 sogar als bester Song mit einem Oscar ausgezeichnet. Das Lied wurde seitdem oft von anderen Künstlern neu aufgenommen.

Wer hat in dem Film mitgespielt? Doris Day, James Stewart, Brenda de Banzie, Bernard Miles, Ralph Truman, Christopher Olsen ...

Die Handlung

- Das Ehepaar McKenna wird Zeuge des Mordes an einem französischen Geheimdienstmitarbeiter und erhält dabei Informationen über ein geplantes Attentat.
- Da sie in diesem Zusammenhang von der Polizei verhört werden, vertrauen sie ihren Sohn Hank einem Ehepaar an, das sie erst seit Kurzem kennen; das Ehepaar entführt den Jungen.
- Dr. Ben McKenna und seine Frau Jo versuchen auf eigene Faust, ihren Sohn zu retten und gleichzeitig das geplante Attentat auf einen hohen Staatsbeamten in der Royal Albert Hall in London zu verhindern.
- Nach vielen überraschenden Wendungen und gutem Ermittler-Spürsinn gelingt es den beiden, ihren Sohn zu befreien, das geplante Attentat zu verhindern und den Drahtzieher zu überführen.
- Doris Day alias Jo McKenna singt am Ende des Films das Lied „Que será", um ihren Sohn zu retten. Hank weiß dadurch, dass seine Mutter in der Nähe ist, und kann durch Pfeifen auf sich aufmerksam machen.

Kennen Sie den Film? Wie hat er Ihnen gefallen?

Das bisschen Haushalt … sagt mein Mann (Haushalt)

Das bisschen Haushalt macht sich von allein,
sagt mein Mann,
das bisschen Haushalt kann so schlimm nicht sein,
sagt mein Mann.
Wie eine Frau sich überhaupt beklagen kann,
ist unbegreiflich, sagt mein Mann.

Das bisschen Kochen ist doch halb so wild,
sagt mein Mann,
was für den Abwasch ganz genauso gilt,
sagt mein Mann.
Wie eine Frau von heut darüber stöhnen kann,
ist ihm ein Rätsel, sagt mein Mann.

Und was mein Mann sagt, stimmt haargenau.
Ich muss das wissen, ich bin ja seine Frau.
Das bisschen Wäsche ist doch kein Problem,
sagt mein Mann,
und auch das Bügeln schafft man ganz bequem,
sagt mein Mann.
Wie eine Frau von heut da gleich verzweifeln kann,
ist nicht zu fassen, sagt mein Mann.

Und was mein Mann sagt, stimmt haargenau.
Ich muss das wissen, ich bin ja seine Frau.

Das bisschen Garten, oh, wie wohl das tut,
sagt mein Mann,
das Rasenschneiden ist für den Kreislauf gut,
sagt mein Mann.
Wie eine Frau von heut das nicht begreifen kann,
ist unverständlich, sagt mein Mann.

Er muss zur Firma gehn tagein, tagaus,
sagt mein Mann,
die Frau Gemahlin ruht sich aus zu Haus,
sagt mein Mann.
Dass ich auf Knien meinem Schöpfer danken kann,
wie gut ich's habe, sagt mein Mann.

Text: Hans Bradtke
Musik: Henry Mayer
Interpretin: Johanna von Koczian

Schlagergeschichte

Luise und Maria decken gemeinsam den Kaffeetisch. „Eine kleine Pause haben wir uns jetzt redlich verdient!", sagt Luise, während sie die Kaffeekanne auf den Tisch stellt. Maria legt derweil die Kaffeelöffel auf die Untertassen und setzt sich. Die beiden Nachbarinnen haben am Vormittag schon Staub gewischt, die Böden gereinigt, die Wäsche gewaschen und sie zum Trocknen im Keller aufgehängt. Luises Suppe für den Abend köchelt bereits auf dem Herd. Bei Maria soll es später Bratkartoffeln geben. Die Kartoffeln dafür hat sie schon geschält und in kleine Scheiben geschnitten. Nun setzt sich auch Luise zu ihrer Freundin und schenkt den Kaffee ein ...

Das bisschen Haushalt macht sich von allein,
sagt mein Mann,
das bisschen Haushalt kann so schlimm nicht sein,
sagt mein Mann.
Wie eine Frau sich überhaupt beklagen kann,
ist unbegreiflich, sagt mein Mann.

Das bisschen Kochen ist doch halb so wild,
sagt mein Mann,
was für den Abwasch ganz genauso gilt,
sagt mein Mann.
Wie eine Frau von heut darüber stöhnen kann,
ist ihm ein Rätsel, sagt mein Mann.

Und was mein Mann sagt, stimmt haargenau.
Ich muss das wissen, ich bin ja seine Frau.

Luise reicht Maria eine Schale mit Plätzchen herüber: „Probier mal, die sind selbst gebacken!" Maria probiert: „Mmh, oh ja, die schmecken vorzüglich! Wann hast du die denn noch gebacken?", fragt sie verwundert. „Gestern Abend, nachdem wir vom Kegelausflug wieder da waren. Ich brauchte etwas Leckeres fürs Wochenende, die Kinder kommen doch", antwortet Luise. An ihrem Gesichtsausdruck erkennt Maria sofort, wie sie sich auf ihre Kinder und Enkelkinder freut. „Ich mach gleich noch die Bügelwäsche fertig", fährt Luise fort. „Und dann fang ich schon mal an, das Unkraut zu zupfen. Am Wochenende komme ich ja doch nicht dazu. Herbert muss morgen früh schnell den Rasen mähen. Ach ja, die Betten für die Kinder sollte ich heute auch noch überziehen, dann sind sie für morgen schon frisch." Maria nickt verständnisvoll und überlegt, was sie noch zu tun hat: „Ich muss unbedingt heute noch die Socken stopfen. Sonst können wir uns demnächst gar nicht mehr aus dem Haus trauen", fügt sie mit einem Augenzwinkern hinzu. In Gedanken versunken rühren beide in ihren Kaffeetassen ...

Das bisschen Wäsche ist doch kein Problem,
sagt mein Mann,
und auch das Bügeln schafft man ganz bequem,
sagt mein Mann.
Wie eine Frau von heut da gleich verzweifeln kann,
ist nicht zu fassen, sagt mein Mann.

Und was mein Mann sagt, stimmt haargenau.
Ich muss das wissen, ich bin ja seine Frau.

Maria nimmt den letzten Schluck aus ihrer Kaffeetasse und steht dann auch schon wieder auf. Sie stellt ihre Tasse in die Spüle und pickt mit den Fingern ein paar Krümel von ihrem Platz: „Jetzt, wo du es gerade gesagt hast, kam mir der Gedanke, dass ich auch noch den Rasen mähen muss. Vielleicht sollte ich das trockene Wetter ausnutzen und es gleich machen. Gestärkt bin ich ja jetzt!" Mit einem dankbaren Lächeln für Kaffee und Plätzchen streicht sie über Luises Schulter und verabschiedet sich. Kurz bevor sie die Wohnungstür hinter sich zuzieht, fügt sie noch hinzu: „Wir sehen uns spätestens morgen im Keller beim Wäsche-Abhängen!" Luise grinst und nickt: „Ja, ja ... beim Wäsche -Abhängen", wiederholt sie leise und rührt dabei noch einmal die Suppe um. Dann lässt sie Wasser in die Spüle laufen und beginnt damit, das Geschirr abzuwaschen ...

Das bisschen Garten, oh, wie wohl das tut,
sagt mein Mann,
das Rasenschneiden ist für den Kreislauf gut,
sagt mein Mann.
Wie eine Frau von heut das nicht begreifen kann,
ist unverständlich, sagt mein Mann.
Er muss zur Firma gehn tagein, tagaus,
sagt mein Mann,
die Frau Gemahlin ruht sich aus zu Haus,
sagt mein Mann.
Dass ich auf Knien meinem Schöpfer danken kann,
wie gut ich's habe, sagt mein Mann.

Am Abend kommt Herbert nach Hause. Luise hat gerade den Tisch fertig gedeckt und die Suppe noch einmal abgeschmeckt. Herbert erzählt von seinem Arbeitstag, und Luise erinnert ihren Mann noch einmal daran, dass die Kinder ja morgen kommen. „Ja, daran habe ich gedacht", antwortet Herbert. „Ich habe in meiner Tasche einen Stapel Papier und ein paar Stifte. Die sind im Büro übrig gewesen. Ich dachte, den Enkeln würde es wieder Freude bereiten, auf den gestempelten Blättern zu malen ..." Luise lächelt, während sie Herbert die zweite Kelle Suppe in den Teller einschenkt: „Ja, das ist eine gute Idee! Da werden die drei sich aber freuen!" Luise legt die Suppenkelle zurück in den Topf und setzt sich. Nachdem sie die Serviette auf ihren Schoß gelegt hat und beide das Tischgebet gesprochen haben, fangen sie gemeinsam an zu essen. Während des Essens ist es fast ganz still am Tisch, man hört nur das Klimpern der Suppenlöffel auf dem Teller. Luise wertet das als ein gutes Zeichen – wenn Hebert nichts sagt, dann schmeckt's ihm. Zur Feier des Tages – es ist schließlich Freitagabend, und die Kinder kommen am Wochenende – hat Luise einen Nachtisch vorbereitet und beiden ein Gläschen Wein zum Essen eingeschenkt. Zufrieden und froh, dass die Arbeitswoche wieder einmal um ist, prosten sie sich zu ...

Dass ich auf Knien meinem Schöpfer danken kann,
wie gut ich's habe, sagt mein Mann.
Dass ich auf Knien meinem Schöpfer danken kann,
wie gut ich's habe, sagt mein Mann.

Da Herbert gerne im Garten ist, macht es ihm auch nichts aus, den Rasen am Samstagmorgen noch schnell zu mähen, bevor die Kinder kommen. „So tu ich wenigstens etwas für meinen müden Rücken", sagt er mit einem Augenzwinkern. Luise geht derweil in die Waschküche und schaut nach der Wäsche. Ob Maria wohl auch dort sein wird ...?

Aktivierungen

Ob Wohnung oder Haus – der Haushalt muss gemacht werden. Sicher kennen Sie viele Tipps und Tricks, die Ihnen bei der Haushaltsführung im Alltag helfen. Und bestimmt haben Sie Ihren ganz eigenen Plan, wann und wie Sie etwas erledigen. In dem Schlager „Das bisschen Haushalt" scheint auch klar geregelt zu sein, wer welche Aufgaben im Alltag übernimmt ...

Mögliche Einstiegsfragen
Wie war/ist das bei Ihnen zu Hause? Wer war/ist für welche Aufgaben in Haus und Hof verantwortlich?
Welche Tricks und Hausmittel kennen Sie, die Ihnen die Arbeit im Haushalt erleichtern? (Mittel gegen Rotweinflecken, gegen Kalk, versalzene Suppen ...)
Wenn Sie an Ihre Kindheit denken, welche Aufgaben hat Ihre Mutter und welche Ihr Vater im Haushalt übernommen?
Gab es in Ihrer Ehe je Streit darüber, wer für bestimmte Bereiche im Haushalt verantwortlich ist?

Sprichwörter und Redensarten

Bei diesen Sprichwörtern und Redewendungen rund um das Thema Haushalt ist einiges durcheinandergeraten. Wie lauten die Sätze richtig?

Bügeln ist das halbe Leben. *(Lösung: Ordnung ist das halbe Leben.)*
Ohne Mut kein Gut. *(Lösung: Ohne Fleiß kein Preis.)*
Die Büroklammer im Kühlschrank suchen. *(Lösung: Die Nadel im Heuhaufen suchen.)*
Ein Fuß wäscht sich selbst. *(Lösung: Eine Hand wäscht die andere.)*
Das Brot wird nicht so heiß geschnitten, wie es gebacken wird. *(Lösung: Die Suppe wird nicht so heiß gegessen, wie sie gekocht wird.)*
Ein jeder wische hinter seinem eigenen Schrank. *(Lösung: Ein jeder kehre vor seiner eigenen Tür.)*

Die Hefe im Haus erspart den Bäcker. *(Lösung: Die Axt im Haus erspart den Zimmermann.)*
Eher geht eine Gans durch ein Regenrohr ... *(Lösung: Eher geht ein Kamel durch ein Nadelöhr ...)*

Wussten Sie eigentlich, ...

- dass man vergilbte Gardinen wieder blütenweiß bekommt, wenn man dem Waschgang Backpulver hinzufügt?
- dass Sie Verkalkungen in Bad und Küche mit Essig oder Zitronensäure entfernen können?
- dass man verunreinigte Gartenmöbel aus Kunststoff auch mit Zahnpasta oder Waschmittel reinigen kann?

▷ Die Haushaltstipps sind den meisten Seniorinnen gewiss bekannt. Kommen Sie darüber gemeinsam ins Gespräch und fragen Sie nach weiteren bewährten „Geheimtipps" rund um die Hausarbeit

Reklame!

Im Mittelpunkt dieser Gedächtnisübung stehen Werbesprüche aus den 50er-, 60er- und 70er-Jahren. Durch das Medium Fernsehen erreichten die Unternehmen mit ihren Werbespots eine breite Zielgruppe. Werbesprüche wurden mit Gesichtern und Figuren verbunden, durch die die Produkte einen hohen Wiedererkennungswert bekamen. Manche Werbefiguren wurden regelrecht berühmt. Zu den bekanntesten Gesichtern der Werbewelt zählten zum Beispiel Frau Antje (holländischer Käse), Herr Kaiser (Hamburg Mannheimer Versicherung), Klementine (Ariel), der Junge auf der Kinderschokolade-Packung und der Marlboro-Mann.

Wer kennt diese Werbe-Slogans nicht? Erinnern Sie sich?

Ado Gardinen. Die mit der Goldkante.
Persil, da weiß man was man hat.
Nichts geht über Bärenmarke, Bärenmarke zum Kaffee.
Wenn einem so viel Gutes widerfährt, das ist schon einen Asbach Uralt wert. Im Asbach Uralt ist der Geist des Weines.

4711 echt Kölnisch Wasser.
Mit Tosca kam die Zärtlichkeit.
Die klügere Zahnbürste gibt nach. (Dr. Best)
Meister Proper putzt so sauber, dass man sich drin spiegeln kann.
Komm doch mit auf den Underberg.
Dasch wäscht so weiß, weißer geht's nicht.
Calgonit. Dann klappts auch mit dem Nachbarn!
Klosterfrau Melissengeist. Nie war er so wertvoll wie heute.
Guck mal, Konica! (Kamera)
Haribo macht Kinder froh und Erwachsene ebenso.
Nette Menschen trinken gerne Kuemmerling.
Ariel wäscht nicht nur sauber, sondern rein.
Zufriedene Mienen danken es Ihnen. Dr. Oetker.
Nimm Frauengold, und du blühst auf. (Stärkungsmittel)
Halt, mein Freund! Wer wird denn gleich in die Luft gehen? Greife lieber zur HB!
Palmolive. Pflegt die Hände schon beim Spülen.
Neu? – Nein, mit Perwoll gewaschen.
Audi. Vorsprung durch Technik.
Frau Antje bringt Käse aus Holland.

Folgende Gedächtnisübungen sind rund um Werbesprüche möglich:

Sprüche-Sammlung

▷ Bitten Sie die Senioren, sich an Werbesprüche von früher zu erinnern. Sammeln Sie die Sprüche an einem Flipchart. Welche Marken stecken dahinter? Welche Figuren kamen in der Fernsehwerbung vor? Wie lief der Werbespot ab?

Rätsel

Lesen Sie die Werbesprüche aus der Liste laut vor. Wer erinnert sich an den Werbespot aus dem Fernsehen? Welches Produkt wurde mit den Sprüchen beworben?

Ich hab noch Sand in den Schuhen aus Hawaii (Reisen, Urlaub)

Ich hab noch Sand in den Schuhen aus Hawaii,
und mein Herz ist ohne Ruh,
denn irgendwo dort im sonnigen Hawaii,
oh my Darling, my Sweetheart, da bist du.

Aloha he ...

Ein weißes Haus im Palmenhain,
das Lied der Nacht im Mondenschein,
dein heißer Kuss, der viel verspricht,
und dann Goodbye, vergiss mich nicht.

Ich hab noch Sand in den Schuhen aus Hawaii,
und mein Herz ist ohne Ruh,
denn irgendwo dort im sonnigen Hawaii,
oh my Darling, my Sweetheart, da bist du.

Aloha he ...

Ich lass den Sand in meinen Schuhn,
ich fühl ihn gern, was soll ich tun?
Bei jedem Schritt sagt er zu mir,
fahr doch zurück und hol sie dir.

Ich hab noch Sand in den Schuhen aus Hawaii,
und mein Herz ist ohne Ruh,
denn irgendwo dort im sonnigen Hawaii,
oh my Darling, my Sweetheart, da bist du.

Aloha he ...

Text: Fred Jay
Musik: Henry Mayer
Interpret: Bata Illic

Schlagergeschichte

Hawaii. Das war die schönste Reise, an die sich Roland in seinem Leben je erinnern würde. Seit ungefähr einer Woche ist er schon wieder zu Hause und immer noch ganz verzaubert von seinem Aufenthalt dort. Die weißen Strände, das klare blaue Wasser, die Korallenriffe und die wunderschönen Landschaften haben bei ihm wirklich bleibende Eindrücke hinterlassen. Seine Reise nach Hawaii war nicht nur die bisher schönste in seinem Leben, sondern auch seit langer Zeit überhaupt wieder eine Urlaubsreise. Viel zu lange hatte er sich keinen Urlaub mehr gegönnt, hatte nur an seinem Schreibtisch gesessen, gearbeitet und den dazugehörigen Papierkram erledigt. Was er in dieser langen Zeit alles versäumt hatte, das hatte er erst während seines Aufenthalts auf Hawaii wirklich erkannt.

Nun sitzt Roland wieder auf seiner Terrasse und nippt an einem Bierglas. Er schaut in seine Blumenbeete. Die Blumen blühen prächtig. In den schönsten Farben. Und trotzdem, jetzt, wo er noch in den Erinnerungen an Hawaii schwelgt, können selbst diese wunderschönen Blumen es ihm nicht so ganz recht machen. Die Blumen auf Hawaii waren einfach hundertmal schöner als seine hier im Garten ...

Ich hab noch Sand in den Schuhen aus Hawaii,
und mein Herz ist ohne Ruh,
denn irgendwo dort im sonnigen Hawaii,
oh my Darling, my Sweetheart, da bist du.

Aloha he ...

Roland stellt das Bierglas ab. Normalerweise war er immer zufrieden gewesen mit seinem Leben. Unter der Woche hatte er stets im Büro gearbeitet und am Wochenende Zeit zu Hause verbracht. Doch jetzt, kurz nach seiner Hawaiireise, sehnt er sich nach Gesellschaft. Nach Musik, Tanzen, Wellen und Sand, und – ja, und nach Sophia. Roland und Sophia haben sich auf Hawaii kennengelernt. Sie hat in demselben Hotel gearbeitet, in dem Roland seinen Urlaub verbracht hat. Roland war zeitlebens kein Kind von Traurigkeit gewesen, zumindest wenn es darum ging, mit Frauen anzubandeln. Trotzdem war er, auf lange Zeit gesehen, lieber Junggeselle geblieben. Dass er jemals auf eine Frau wie Sophia treffen würde, hätte er sich in seinen schönsten Träumen nicht ausgemalt. Und nun steht er da. Vielmehr – er sitzt in seinem Gartenstuhl und vermisst die Frau, die er vor Kurzem erst kennengelernt hat. Seine Sophia ...

Ein weißes Haus im Palmenhain,
das Lied der Nacht im Mondenschein,
dein heißer Kuss, der viel verspricht,
und dann Goodbye, vergiss mich nicht.
Ich hab noch ...

Aloha he ...

Obwohl er jetzt schon über eine Woche wieder zu Hause ist, erinnert ihn einfach alles an Hawaii. Doch die Dinge fühlen sich bei Weitem nicht mehr so schön an. Die Blumen haben nicht die richtigen Farben, der Wein nicht den richtigen Geschmack, die Luft ist zu kalt, der Himmel zu grau, die Grashalme zu spitz, der Wind zu rau, die Aussicht zu kurz und das Essen zu fad. Und Roland fühlt sich das erste Mal in seinem Leben wirklich einsam. Von Tag zu Tag wächst sein Wunsch, Sophia wiederzusehen. Zugleich werden aber auch seine Zweifel größer: Ob sie wohl auch so für ihn empfindet wie er für sie ...?

Ich lass den Sand in meinen Schuhn,
ich fühl ihn gern, was soll ich tun?
Bei jedem Schritt sagt er zu mir,
fahr doch zurück und hol sie dir.
Ich hab noch ...

Aloha he ...

Kurz entschlossen macht sich der ewige Junggeselle auf den Weg nach Hawaii zu seiner großen Liebe. Gleich nach Feierabend fährt er zum Flughafen und nimmt das nächste Flugzeug, das ihn auf eine Reise ins Ungewisse führt. Fühlt Sophia dasselbe wie er? Oder war er für sie nur ein Hotelgast unter vielen? Roland sitzt im Flugzeug und schaut aus dem Fenster. So viele Gedanken kreisen durch seinen Kopf. Doch auf einmal spürt er, wie er ruhiger wird. Je näher er zu der Insel kommt, desto weniger Zweifel hat er. Er sieht den weißen Sand, das hellblaue Wasser und die wunderschöne Landschaft. Und schon hat diese zauberhafte Insel ihn wieder in ihren Bann gezogen. Nun muss er sich nur noch auf die Suche nach Sophia machen ...

Aktivierungen

Erholung tut gut. Im Urlaub besucht man oft andere Städte, Regionen oder Länder, um – fernab vom Alltag – auf andere Gedanken zu kommen, von den täglichen Verpflichtungen loslassen zu können und neue Orte und Menschen kennenzulernen. Wie und wo man den Urlaub verbringt, ist von Person zu Person und von Familie zu Familie sehr unterschiedlich: Es gibt Badeurlaube, Wanderurlaube, Städtereisen, Kulturreisen, Campingurlaub, Motorradreisen ... Manch einer fährt viele Jahre hintereinander immer wieder an denselben Ort, ein anderer bereist die ganze Welt.

Mögliche Einstiegsfragen

An welche Reise erinnern Sie sich immer wieder gerne?
Gibt es einen Ort oder ein Land, wo Sie schon häufiger Urlaub gemacht haben, weil es Ihnen dort so gut gefällt?
Welche fremden Länder und Städte haben Sie schon bereist?
Wie können Sie sich am besten erholen?
Wohin möchten Sie gern noch mal reisen? Oder: In welche Stadt/in welches Land hätten Sie in Ihrem Leben gerne eine Reise unternommen?

Sprichwörter und Redensarten

Hier fehlt doch was! Bitten Sie die Senioren, die fehlenden Wörter in den Sprichwörtern und Redewendungen zu ergänzen.

Egal, wie weit der ... ist, man muss den ersten ... tun. *(Lösungen: Weg, Schritt)*
Wenn jemand eine ... tut, so kann er was ... . Drum nahm ich meinen ... und ... und tät das Reisen wählen. *(Lösungen: Reise, erzählen, Stock, Hut)*
Der ... ist das ... *(Lösungen: Weg, Ziel)*
... soll man nicht aufhalten. *(Lösung: Reisende)*
Wer nirgendwo ..., kann man auch ... ankommen. *(Lösungen: hingeht, nirgendwo)*

Wussten Sie eigentlich, ...

- dass Spanien, Italien und Frankreich die beliebtesten Reiseziele in Europa sind?
- dass man bis fast zum Ende des 19. Jahrhunderts Reisen fast ausschließlich dazu nutzte, um sich zu bilden, neue Orte zu entdecken, zu handeln oder Kriege zu führen? Das Reisen zum Zweck der Erholung wurde erst später üblich.
- dass das Auto immer noch das beliebteste Reise-Verkehrsmittel der Deutschen ist? Dahinter folgt das Reisen mit dem Flugzeug.

Erinnern Sie sich an ...

... den Film: „Mr. Hobbs macht Ferien"?

Die Familienkomödie basiert auf dem Roman „Vaters Ferien" von Edward Streeter und feierte im Juni 1962 Premiere bei den Internationalen Filmfestspielen in Berlin.

Wer hat mitgespielt? James Stuart, Maureen O'Hara, Fabian Forte, Lauri Peters, John Saxon, Marie Wilson, John McGiver, Reginald Gardiner ...

Die Handlung

- Roger Hobbs fährt mit seiner Familie in den Urlaub nach Kalifornien. Das Feriendomizil entpuppt sich als Bruchbude.
- Eigentlich wollte er mit seiner Frau Peggy eine Weltreise unternehmen, diese bevorzugte allerdings einen Familienurlaub mit ihren vier Kindern, zwei Schwiegersöhnen, den drei Enkeln und der Haushälterin.
- Der Urlaub in dem heruntergekommenen Haus scheint ein Desaster zu werden; die Haushälterin und der arbeitslose Schwiegersohn Stan reisen nach kurzer Zeit ab.
- Hobbs versucht zu unterbinden, dass sich die schöne Marika an seinen Schwiegersohn heranmacht und der Vermieters an seine Frau.
- Später wendet sich das Blatt, und Hobbs findet Gefallen an dem Urlaub, nicht zuletzt, weil sein sonst fernsehsüchtiger Sohn Danny wieder Zeit mit ihm verbringt.
- Die schüchterne Tochter Katey lernt (mit Hilfe von Hobbs) einen Jungen kennen, die beiden mögen sich

- Schwiegersohn Stan bekommt ein Jobangebot, sein zukünftiger Chef Turner möchte allerdings erst Stans Familie kennenlernen.
- Aber auch die turbulenten Umstände des Urlaubsbesuchs der Turners können Roger Hobbs' Freude an dem Sommerurlaub nicht mehr trüben.
- Zum Schluss erzählt Hobbs, der als Bankvorstand arbeitet, seiner Sekretärin, dass er das Haus am kalifornischen Strand für den nächsten Sommerurlaub bereits wieder gebucht habe.
- Stan bekommt die Anstellung im Unternehmen der Turners.

Kennen Sie den Film? Mögen Sie den Film?

Ganz in Weiß (Hochzeit)

Ganz in Weiß mit einem Blumenstrauß,
so siehst du in meinen schönsten Träumen aus.
Ganz verliebt schaust du mich strahlend an,
es gibt nichts mehr, was uns beide trennen kann.
Ganz in Weiß, so gehst du neben mir,
und die Liebe lacht aus jedem Blick von dir.

Ja, dann reichst du mir die Hand,
und du siehst so glücklich aus,
ganz in Weiß mit einem Blumenstrauß.
Ja, dann reichst du mir die Hand,
und du siehst so glücklich aus,
ganz in Weiß mit einem Blumenstrauß.

Ganz in Weiß, so gehst du neben mir,
und die Liebe lacht aus jedem Blick von dir.

Ja, dann reichst du mir die Hand,
und du siehst so glücklich aus,
ganz in Weiß mit einem Blumenstrauß.
Ja, dann reichst du mir die Hand,
und du siehst so glücklich aus,
ganz in Weiß mit einem Blumenstrauß.

Text: Kurt Hertha
Musik: Rolf Arland
Interpret: Roy Black

Schlagergeschichte

Wie lange haben sie auf diesen Tag gewartet ... Judith steht vor dem Spiegel und schaut an sich herunter: Ganz in Weiß – so hat sie sich ihr Hochzeitskleid immer vorgestellt. Schmal, schlicht und mit ein wenig Spitze rund ums Dekolleté. Der weiße Stoff glänzt im sanften Licht ihrer Wohnzimmerlampe. Judiths Eltern haben gestern extra den hohen Standspiegel vorbeigebracht, damit es ihrer Tochter an ihrem großen Tag an nichts fehlen würde. So steht sie nun schon seit ein paar Minuten vor dem Spiegel und schaut sich an. Hat sie es sich so vorgestellt? Wird das heute wirklich der schönste Tag ihres Lebens? Sie spürt, wie ihre Knie zittern. Ihr Herz klopft wie verrückt. Ihre Freundin Katja bringt die weißen Schuhe und hilft ihr, sie anzuziehen. Sie steckt Judith den Schleier in die hochgesteckten Haare und stellt sich neben sie. Sie nimmt Judith in den Arm, die beiden schauen in den Spiegel. „Bereit?", fragt sie ihre Freundin, die sie schon seit ihrer gemeinsamen Schulzeit kennt. Judith atmet einmal tief ein und aus. Dann strahlt sie über das ganze Gesicht und nickt. „Ja, bereit!"

Ganz in Weiß mit einem Blumenstrauß,
so siehst du in meinen schönsten Träumen aus.
Ganz verliebt schaust du mich strahlend an,
es gibt nichts mehr, was uns beide trennen kann.
Ganz in Weiß, so gehst du neben mir,
und die Liebe lacht aus jedem Blick von dir.

Mathias geht nervös vor der Kirche auf und ab. Gerade haben die Glocken angefangen zu läuten. Der erste Glockenschlag hat ihn ziemlich überrascht. Als der Schreck vorbei war, zog plötzlich Nervosität in ihm auf. Einen Moment lang konnte er kaum schlucken. Wie lange haben sie auf diesen Tag gewartet! Und jetzt ist er endlich da. Alle Vorbereitungen sind getroffen, und er hofft so sehr, dass Judith und er ihren großen Tag so erleben können, wie sie es sich immer vorgestellt haben. Obwohl ... Eigentlich hat er gar keine Erwartungen an den Tag. Er weiß, dass dieser Tag perfekt wird, weil er nun endlich seine Judith heiraten darf und ab heute Tag und Nacht mit ihr zusammen sein kann. Ohne Eltern oder seine Schwägerin im Nebenzimmer. Ohne seine Mutter, die alle paar Minuten fragt, ob sie noch genug zu essen und zu trinken haben. Ohne, dass er Judith vor Mitternacht nach Hause bringen muss. Zwei lange Jahre Sehnsucht haben nun ein Ende. Mathias glaubt fest, dass er gerade der glücklichste Mann der Welt ist! Nur warum in aller Welt sind seine Knie so weich? Er schaut in den Himmel: Es ist keine einzige Wolke zu sehen. Die Sonne scheint, und es sieht alles so schön frühlingshaft aus. Schritte nähern sich hinter ihm, und er dreht sich um. Seine Mutter winkt ihn zu sich. Es scheint, als würde es bald losgehen. Er betritt die Kirche und nimmt seinen Platz in der Nähe des Altars ein.

Ja, dann reichst du mir die Hand,
und du siehst so glücklich aus,
ganz in Weiß mit einem Blumenstrauß.
Ja, dann reichst du mir die Hand,

und du siehst so glücklich aus,
ganz in Weiß mit einem Blumenstrauß.

Die Kirchentür geht auf, und Judith schreitet an der Seite ihres Vaters langsam den Mittelgang entlang hin zum Altar. In der linken Hand hält sie einen Brautstrauß aus roten und weißen Rosen. Bei der festlichen Orgelmusik treten Tränen in ihre Augen. Alle Blicke sind auf sie gerichtet. Wer alles gekommen ist, kann sie so schnell gar nicht erkennen. Mathias hätte sich den Augenblick nicht schöner vorstellen können. Trotzdem – ganz wohl fühlt er sich erst, als er Hand in Hand mit Judith vor dem Altar steht. Beide strahlen und sind sicher: „Ja, das wird der schönste Tag unseres Lebens!" Der Applaus nach dem Hochzeitskuss lässt auch die letzte Anspannung endlich von ihnen abfallen. Überglücklich schreiten sie Seite an Seite aus der Kirche hinaus, der Sonne entgegen. Draußen werden sie von einem Blütenregen aus weißen und roten Rosenblüten empfangen ...

Ganz in Weiß, so gehst du neben mir,
und die Liebe lacht aus jedem Blick von dir.

Ja, dann reichst du mir die Hand,
und du siehst so glücklich aus,
ganz in Weiß mit einem Blumenstrauß.
Ja, dann reichst du mir die Hand,
und du siehst so glücklich aus,
ganz in Weiß mit einem Blumenstrauß.

Immer wieder müssen die beiden sich an diesem Tag anschauen. Es passt auch wirklich alles: Das Wetter ist ein Traum, das Essen ein Genuss, die Gäste sind bester Laune, und Judith und Mathias sind ein wunderschönes, glückliches Brautpaar, das sichtlich seinen schönsten Tag im Leben genießt. Noch viele, viele Jahre erinnert die beiden ein eingerahmtes Hochzeitsfoto auf der Anrichte an ihren großen Tag. Zwischen all den anderen Familienfotos blitzt Judiths weißes langes Kleid hervor. In ihrer Hand der Strauß aus roten und weißen Rosen ...

Aktivierungen

Der Hochzeitstag ist für viele Paare der schönste Tag in ihrem Leben. Dem Ehepartner das Versprechen zu geben, sein Leben lang an dessen Seite zu verbringen – in guten wie in schlechten Zeiten, in Gesundheit und Krankheit –, das ist wohl das schönste Versprechen, das man seiner (oder seinem) Liebsten geben kann. Und das muss gefeiert werden!

Mögliche Einstiegsfragen

Welcher Gedanke kommt Ihnen als erster in den Sinn, wenn Sie an Ihren Hochzeitstag denken?
Welche Gäste haben mit Ihnen gefeiert?
Wie sah Ihr Brautkleid/Hochzeitsanzug aus?
Wer hat den Heiratsantrag gemacht? Wann und wie?
Welche Bräuche waren Teil Ihrer Hochzeit? (Ein blaues Strumpfband, ein Pfennig im Schuh ...)
An welchen schönen Tag in Ihrem Leben erinnern Sie sich noch?

Sprichwörter und Redensarten

Die Liebe ist schon ein seltsames Spiel ... Hier haben immer zwei Sprichwörter so miteinander angebandelt, dass man sie kaum noch auseinanderhalten kann. Wem gelingt es, die beiden zu entwirren?

Alte Liebe macht blind.
Lösung: Alte Liebe rostet nicht & *Liebe macht blind.*

Wo die Liebe durch den Magen geht.
Lösung: Wo die Liebe hinfällt ... & *Die Liebe geht durch den Magen.*

Gegensätze gesellen sich gern
Lösung: Gleich und Gleich gesellt sich gern & *Gegensätze ziehen sich an.*

Drum prüfe, was sich ewig neckt, ob es sich liebt.
Lösung: Drum prüfe, wer sich ewig bindet, ob sich das Herz zum Herzen findet & *Was sich liebt, das neckt sich.*

Wussten Sie eigentlich, ...

- dass es im deutschsprachigen Raum mehr als 40 bekannte und gängige Hochzeitsbräuche gibt?
- dass das Wort Hochzeit von „Hohe Zeit" (= Festzeit) kommt?
- dass das Alter der heiratswilligen Deutschen immer weiter ansteigt?

Wörter mit „Hochzeit"

▷ Bei diesem Wortspiel sollen die Senioren möglichst viele Wörter nennen, die das Wort „Hochzeit" beinhalten. Dabei ist es nicht wichtig, ob „Hochzeit" am Anfang oder am Ende des Wortes steht. Schreiben Sie das Wort „Hochzeit" auf einen großen Bogen Papier. Sie können in Klammern das Fugen-s anfügen: „Hochzeit(s)". Legen Sie das Papier in die Mitte eines Tisches. Ergänzen Sie nun jeweils die gefundenen Wörter, indem Sie sie im Spielverlauf auf Karteikarten oder kleine Notizzettel schreiben und entweder vor oder hinter das Wort „Hochzeit" legen.

Beispiele für Wörter mit „Hochzeit": Hochzeitsfeier, Hochzeitsbrauch, Hochzeitstag, Hochzeitsgast, Hochzeitskleid, Rubinhochzeit, Hochzeitsauto, Hochzeitsnacht, Märchenhochzeit, Hochzeitstorte, Hochzeitsreise, Diamanthochzeit, Goldhochzeit, Weinhochzeit, Landhochzeit, Traumhochzeit, Hochzeitsessen, Hochzeitsball, Vogelhochzeit ...

Gedächtnisspiel

▷ Für dieses Spiel benötigen Sie verschiedene **Gegenstände und Materialien, die weiß sind.** Legen Sie die Gegenstände in die Mitte eines Tisches, und benennen Sie sie gemeinsam mit der Gruppe. Dann geben Sie den Senioren einige Minuten Zeit, sich die Dinge anzusehen. Die Anzahl der Gegenstände machen Sie von den Fähigkeiten der Gruppenteilnehmer abhängig. Je mehr Dinge auf dem Tisch liegen, desto schwieriger wird die Übung.

Decken Sie die Gegenstände mit einem **Tuch** ab. Bitten Sie die Senioren, sich an so viele Gegenstände wie möglich zu erinnern. Schreiben Sie die genannten Gegenstände evtl. auf ein **Flipchart.**

Dann decken Sie die Gegenstände erneut ab. Nehmen Sie nun ein Teil davon weg, ohne dass die Senioren sehen, welches. Entfernen Sie das Tuch, und bitten Sie die Teilnehmer herauszufinden, welcher Gegenstand fehlt.

Erinnern Sie sich an ...

... den Film: „Hochzeit auf Italienisch"?

Die dramatische Komödie aus dem Jahr 1964 basiert auf der Theaterkomödie „Filumena Marturano" von Eduardo De Filippo, die im Jahr 1947 uraufgeführt wurde.

Wer hat mitgespielt? Sophia Loren, Marcello Mastroianni, Marilù Tolo ...

Die Handlung
- Die Dirne Filumena, gespielt von Sophia Loren, bittet im Krankenbett ihren langjährigen Stammgast Domenico, sie zu heiraten.
- Nachdem dieser einwilligt, stellt sich heraus, dass Filumenas Krankheit eine Täuschung war. Sie wollte nur ein sicheres Heim für ihre drei unehelichen Söhne erkämpfen, die in Bauernfamilien groß geworden sind.
- Weder Domenico noch die Söhne wissen, dass Filumena deren Mutter ist.
- Diese macht dem Unwissen jedoch ein Ende und stellt sich den Söhnen als ihre Mutter vor. Zwei Jungen schließen ihre leibliche Mutter sofort in ihr Herz, der dritte nach anfänglichem Zögern auch.
- Nachdem klar ist, dass die Eheschließung nicht rechtskräftig ist, versucht Filumena, Domenico weiter an sich und die Söhne zu binden, indem sie ihm sagt, dass einer der Söhne von ihm gezeugt wurde. Sie verrät ihm aber nicht verrät, welcher der drei Jungen dies sei.
- Bei einem Treffen lüftet Filumena das Geheimnis um Domenicos leiblichen Sohn.
- Nach einigen Höhen und Tiefen heiraten die beiden erneut – aus Liebe und in einer Kirche.

Kennen Sie den Film? Mögen Sie den Film?

Das machen nur die Beine von Dolores (Schöne Frauen)

Hör, wie zärtlich die Gitarre singt,
wer weiß, wem sie ihr süßes Ständchen bringt.
Schau, wohin die Caballeros gehn,
bei wem sie heute Nacht um Liebe flehn.

Was erfüllt sie so mit Leidenschaft,
ja, wer hat die geheime Zauberkraft?
Was zieht die Männer so mächtig an wie ein Magnet?

Das machen nur die Beine von Dolores,
dass die Señores nicht schlafen gehn.
Denn die Toreros und die Matadores,
die wolln Dolores noch tanzen sehn.

Und jeder wünscht sich dann nur das Eine,
sie möcht alleine für ihn sich drehn.
Das machen nur die Beine von Dolores,
dass die Señores nicht schlafen gehn.

Das machen nur die Beine von Dolores,
dass die Señores nicht schlafen gehn.
Denn die Toreros und die Matadores,
die wolln Dolores noch tanzen sehn.

Text: Bruno Balz
Musik: Michael Jary
Interpret: Gerhard Wendland

Schlagergeschichte

Guten Tag zusammen, mein Name ist Klara. Von Haus aus bin ich Lippenstift, und zwar durch und durch. Meine Farbe? Karminrot. Ich komme häufig zu besonderen Anlässen zum Einsatz, vornehmlich in den Abendstunden. Den Rest des Tages verbringe ich in der Handtasche meiner Besitzerin. Dort scheint nur selten Tageslicht hinein, glücklicherweise bin ich aber nie allein. Um mich herum wimmelt es von alten und neuen Weggefährten, die, genau wie ich, darauf warten, gebraucht zu werden. Nehmen wir einmal die goldene Puderdose: Wir beide kennen uns schon eine lange Zeit. Wir verbringen eine geraume Weile des Tages zusammen, indem wir einfach nur warten. Dabei entwickeln sich immer wieder neue Gespräche zwischen uns. Ja, man kann sagen, dass wir uns durchaus gut verstehen. In den Abendstunden dann, wenn es in der Handtasche stockfinster ist und nur ab und an ein kleiner Lichtschein zu uns hineinblitzt, machen wir uns bereit für unseren großen Auftritt. Unsere Besitzerin legt sehr viel Wert auf ihr gepflegtes Äußeres. Und man muss schon sagen, sie braucht sich wirklich nicht zu verstecken! Sobald meine Freundin, die goldene Puderdose, und ich spüren, dass sie den Verschluss ihrer Handtasche öffnet, bringen wir uns in eine gute Position. So stellen wir sicher, dass sie uns sofort findet. Meist kommt die goldene Puderdose zuerst zum Einsatz. Wenn man ihren Deckel öffnet, kann man sich dort schließlich wunderbar im Spiegel ansehen. Sind Wangen und Stirn fertig gepudert, bin ich an der Reihe. Behutsam werde ich aus der Tasche genommen, aufgedreht und dann verteile ich meine wunderschöne karminrote Farbe gleichmäßig auf den Lippen meiner Besitzerin ...

Hör, wie zärtlich die Gitarre singt,
wer weiß, wem sie ihr süßes Ständchen bringt.
Schau, wohin die Caballeros gehn,
bei wem sie heute Nacht um Liebe flehn.

Was erfüllt sie so mit Leidenschaft,
ja, wer hat die geheime Zauberkraft?
Was zieht die Männer so mächtig an wie ein Magnet?

Das machen nur die Beine von Dolores,
dass die Señores nicht schlafen gehn.
Denn die Toreros und die Matadores,
die wolln Dolores noch tanzen sehn.

Und jeder wünscht sich dann nur das Eine,
sie möcht alleine für ihn sich drehn.
Das machen nur die Beine von Dolores,
dass die Señores nicht schlafen gehn.

Zusammen sind wir ein perfektes Paar, die goldene Puderdose und ich. Sind wir erst mal zum Einsatz gekommen, ziehen wir alle Blicke auf uns. Unsere Besitzerin ist uns sehr dankbar für unser Wirken. Zwar werden wir danach wieder in die Handtasche zurückgelegt, dürfen sie darin aber immerhin allabendlich begleiten. Meistens versuche ich mich dann so weit nach oben zu legen, dass ich an einer Ecke hinausschauen kann. Da draußen sieht es heute wunderschön aus. Überall flackern Kerzen und die Menschen, die dort ihren Abend verbringen, sind alle fein zurechtgemacht. Ich höre ein gleichmäßiges, zurückhaltendes Murmeln. Ab und an klirren Gläser, oder jemand lacht herzlich. Am späteren Abend erklingt dann endlich Tanzmusik. Wir – die Handtasche, die goldene Puderdose, das weiße Taschentuch und ich – dürfen nicht mit auf die Tanzfläche. Dafür haben wir einen wunderbaren Ausblick. Es ist nicht sehr hell auf der Tanzfläche, trotzdem kann ich die karminroten Lippen meiner Besitzerin gut erkennen. Sie hat sich heute aber auch wieder schick gekleidet! Der knielange Rock und die weiße Seidenbluse harmonieren perfekt. Die hohen Schuhe lassen ihre wunderschönen Beine noch länger wirken. Und wie geschickt sie das Tanzbein schwingt! Einfach fabelhaft. Neben mir spüre ich, wie mich jemand anstupst. Es ist die goldene Puderdose. Aber natürlich, sie möchte auch sehen, was auf der Tanzfläche vor sich geht. Ich rücke ein Stückchen zur Seite – aber auch gerade nur so viel, dass ich nicht wieder in der Tasche nach unten rutsche …

Das machen nur die Beine von Dolores,
dass die Señores nicht schlafen gehn.
Denn die Toreros und die Matadores,
die wolln Dolores noch tanzen sehn.

Und jeder wünscht sich dann nur das Eine,
sie möcht alleine für ihn sich drehn.
Das machen nur die Beine von Dolores,
dass die Señores nicht schlafen gehn.

Ein wenig müde wird man, wenn man den ganzen Abend in der Dämmerung verbringt und sich nicht viel bewegt. Meine Besitzerin hat derweil eine Pause eingelegt und nimmt ein erfrischendes Getränk zu sich. Aus der Handtasche heraus kann ich es gut erkennen – es scheint dunkelrot zu sein. Es passt also gut zu meiner Lippenstiftfarbe. Ich überlege mir, dass es langsam an der Zeit sein müsste, das Karminrot einmal nachzuziehen. Die goldene Puderdose stimmt mir zu. Unsere Besitzerin scheint sich aber gerade so angeregt zu unterhalten, dass sie dabei die Zeit vergisst. Ich kann leider nur nicht erkennen, mit wem. Die langen Beine hat sie elegant übereinandergeschlagen. Ihre Finger mit den rot lackierten Nägeln bewegen sich ganz sachte im Takt der Musik. Na, wo das noch hinführen soll …

Aktivierungen

Schönheit kommt von innen, Schönheit liegt im Auge des Betrachters … diese Redensarten sind uns allen geläufig. Fakt ist, es gibt im wirklichen Leben nicht die Schönheit. Sogar in den Medien verändern sich Schönheitsideale mit der Zeit. Manche Frauen machen jeden Trend mit, und manche eben nicht – sind aber trotzdem schön. Wer an schöne Frauen denkt, dem fallen sofort schöne Kleider, schicke Schuhe, funkelnder Schmuck, roter Lippenstift, leuchtende Augen, glänzende Haare und schicke Frisuren ein. Vielen Frauen gefällt es, sich „schön" zu machen, zum Beispiel für einen Theaterbesuch, eine Geburtstagsfeier oder ein Rendezvous. In den Fünfziger- und Sechzigerjahren wurde das Schönheitsbild von bekannten Schauspielerinnen geprägt, denken wir nur an Doris Day, Marilyn Monroe, Audrey Hepburn, Romy Schneider und Ingrid Bergmann …

Mögliche Einstiegsfragen
Was machen Sie, wenn Sie sich besonders schön machen wollen?
Was haben Sie immer in Ihrer Handtasche, um sich „frisch" zu machen?
Gibt es eine Frau, die Sie für ihre Schönheit schon immer bewundert haben?
Haben Sie als kleines Mädchen manchmal die Kleidung Ihrer Mutter getragen, um sich schön zu machen?

Sprichwörter und Redensarten

Welche Sprichwörter werden hier gesucht? Beantworten Sie die folgenden Fragen:

Wer meint, dass es nicht auf das Äußere eines Menschen ankommt, der sagt, dass wahre Schönheit woher kommt?
Lösung: Wahre Schönheit kommt von von innen.

Wenn eine Frau mit einen Kavalier flirtet und ihn mit einem gekonnten Augenaufschlag ansieht, dann macht sie ihm ...
Lösung: Sie macht ihm schöne Augen.

Ein junger, elegant gekleideter Mann hält einem älteren Mann mit Gehstock die Tür auf und lässt ihn vorausgehen. Der ältere Mann bedankt sich und sagt lächelnd: ...
Lösung: „Alter vor Schönheit."

Wenn eine Frau sehr verführerisch wirkt, dann ist sie schön wie ...
Lösung: ... schön wie die Sünde.

In welchem Sinnesorgan eines Betrachtes liegt die Schönheit?
Lösung: Die Schönheit liegt im Auge des Betrachters.

Wussten Sie eigentlich, ...

- dass Doris Day sich seit dem Ende ihrer Filmkarriere sehr stark für den Tierschutz einsetzt, insbesondere für Hunde?
- dass Königin Elisabeth I. die erste Frau gewesen sein soll, die Lippen-Rouge in Stiftform benutzt hat?
- dass es heute nur etwa 2000 Parfumeure auf der Welt gibt – also Menschen, die neue Parfums kreieren?

Wortspiele

Wörter mit –Tasche –

▷ Schöne Frauen tragen schöne Handtaschen – mal große, mal kleine, rote, schwarze, aus Glattleder, aus Wildleder – so, wie es dem Anlass entspricht. Neben Handtaschen gibt es viele weitere Taschenarten. Welche fallen den Senioren ein? Und welche Wörter, die das Wort Tasche enthalten, gibt es noch? Sammeln Sie gemeinsam und notieren Sie die Ergebnisse.

Beispiele: Taschentuch, Handtasche, Reisetasche, Sporttasche, Umhängetasche, Taschenuhr, Hosentasche, Taschenrechner, Taschendieb, Taschenbuch, Taschengeld, Taschenlampe, Arzttasche, Brusttasche, Aktentasche, Teigtasche,

Brieftasche, Kühltasche, Ledertasche, Hemdtasche, Wangentasche, Einkaufstasche, Versandtasche, Tragetasche ...

Wahrnehmungsspiel

▷ Legen Sie verschiedene Stoffe auf einem Tisch aus, und geben Sie den Senioren Zeit, sich die Stoffe anzusehen und sie zu befühlen. Dann überlegen Sie sich gemeinsam, zu welchem Anlass man die Stoffe tragen könnte, welche Farben man dabei wählen könnte und für welche Jahreszeit sich die Stoffe eignen.

Wie fühlen sich die verschiedenen Stoffe an? Lassen Sie die Senioren ihre Eindrücke beschreiben.

Welche Kleider haben die Senioren früher zu besonderen Anlässen getragen? Welche Stoffe mögen sie? Und in welcher Kleidung fühlen sie sich besonders wohl?

Beispiele für verschiedene Stoffe:
- Cord
- Baumwollstoffe mit verschiedenen Mustern
- Tüll
- Chiffon
- Seide
- Jeansstoff
- Jersey-Stoffe
- Kunstleder
- Samt
- Vlies
- ...

Liebe kleine Schaffnerin (Züge)

„Einsteigen bitte! Einsteigen bitte!",
ruft sie jedem laut ins Ohr.
„Bleiben Sie bitte nicht in der Mitte!
Treten Sie durch, gehen Sie vor!"
Liebe kleine Schaffnerin,
kling klang kling,
sag, wo fährt dein Wagen hin?
Kling klang kling.
Liebe kleine Schaffnerin,
gern bleib ich im Wagen drin,
und ich küsse dann sehr galant
deine kleine entzückende,
kleine berückende, Fahrkarten zwickende Hand,
und ich küsse dann sehr galant
deine kleine entzückende,
kleine berückende Fahrkarten, zwickende Hand.

„Aussteigen bitte! Aussteigen bitte!
Wir sind schon bei der Endstation!"
Doch ich bleib sitzen und nehm die dritte
Fahrkarte mir heute schon.
Liebe, kleine Schaffnerin,
gern bleib ich im Wagen drin,
und ich küsse dann sehr galant
deine kleine entzückende,
kleine berückende, Fahrkarten zwickende Hand,
und ich küsse dann sehr galant
deine kleine entzückende,
kleine berückende, Fahrkarten zwickende Hand.

Einsteigen bitte, aussteigen bitte!
Einsteigen bitte, aussteigen bitte!

Text: Hans Lang
Musik: Erich Meder
Bekannter Interpret: Franz Schier

Schlagergeschichte

Claudia ist seit vielen Jahren Schaffnerin. Sie mag ihren Beruf sehr, lernt sie doch auf den Zugfahrten immer wieder nette Leute kennen, mit denen sie ins Gespräch kommt. Und wo sie nicht überall schon war ... Ihre Freunde und Bekannten finden es sehr spannend, wenn Claudia ihnen neue Geschichten von ihren Reisen erzählt. Einige beneiden sie auch ein wenig darum, dass sie ihre Leidenschaft zum Beruf machen konnte. Aber sie gönnen es ihr von Herzen. Spätestens, wenn Claudia Dresdner Christstollen, original bayerische Weißwürste, Hamburger Franzbrötchen oder die originale Kräutermischung für Frankfurter Grüne Soße mit nach Hause bringt, sind alle ganz gespannt auf die neuen Spezialitäten und auf Claudias Erzählungen dazu. Wenn Claudia zu Hause ist, lädt sie nämlich sehr gerne all ihre Freunde zu sich ein. Dann kocht sie und backt sie, was das Zeug hält. Dazu gibt es Wein und Bier und kalte Schorlen. Denn auch wenn sie ihren Beruf sehr mag, ist sie doch immer froh, nach Hause zu kommen, um Zeit mit den Menschen zu verbringen, die ihr wichtig sind ...

„Einsteigen bitte! Einsteigen bitte!",
ruft sie jedem laut ins Ohr.
„Bleiben Sie bitte nicht in der Mitte!
Treten Sie durch, gehen Sie vor!"
Liebe kleine Schaffnerin,
kling klang kling,
sag, wo fährt dein Wagen hin?
Kling klang kling.
Liebe kleine Schaffnerin,
gern bleib ich im Wagen drin,
und ich küsse dann sehr galant
deine kleine entzückende,
kleine berückende, Fahrkarten zwickende Hand,
und ich küsse dann sehr galant
deine kleine entzückende,
kleine berückende, Fahrkarten zwickende Hand.

Da Claudia nicht oft zu Hause ist, sind die Treffen mit ihren Freunden für sie immer etwas ganz Besonderes. Nach einiger Zeit daheim packt sie dann aber doch meist wieder das Fernweh. Alles, was sie für ihre Reisen braucht, passt in einen

Koffer, der sie stets begleitet. Vor jeder neuen Zugfahrt packt sie dort sorgfältig alles hinein, was sie in den nächsten Tagen braucht. In ihrer Uniform macht sie sich dann auf den Weg zum nächsten Bahnhof. Claudia mag die Geräusche an den Bahnhöfen. Es ist dort immer etwas los. Leute laufen von A nach B, kaufen sich noch Zeitschriften oder Bonbons und warten dann geduldig an den Bahnsteigen auf ihre Züge. Ab und an kann man einer Lautsprecherdurchsage lauschen, die einen durchfahrenden Zug oder eine Ankunft ansagt. Manchmal kommt auch die Nachricht, dass sich ein Zug verspätet. Claudia geht vor ihrem Dienstantritt meist eine Runde gemütlich durch die Bahnhofshalle, ehe sie am Gleis auf den Zug wartet, in den sie dann einsteigen muss, um die Fahrkarten zu kontrollieren ...

„Aussteigen bitte! Aussteigen bitte!
Wir sind schon bei der Endstation!"
Doch ich bleib sitzen und nehm die dritte
Fahrkarte mir heute schon.
Liebe, kleine Schaffnerin,
gern bleib ich im Wagen drin,
und ich küsse dann sehr galant
deine kleine entzückende,
kleine berückende, Fahrkarten zwickende Hand,
und ich küsse dann sehr galant
deine kleine entzückende,
kleine berückende, Fahrkarten zwickende Hand.

Die Züge, mit denen Claudia durch die Lande fährt, sind für sie wie ein zweites Zuhause geworden. Sie kennt alle Knöpfe, alle Maschinen, ja, mittlerweile fast jeden Kratzer in den Polstern der Fahrgastsitze. Zugegeben, es ist nicht gerade leise in den Zügen. Und je näher man der Lok kommt, desto lauter werden die Geräusche. Claudia macht das nichts aus. Sie sagt immer: „Man gewöhnt sich daran", wenn sie jemand nach der Lautstärke der Triebwerke fragt. Und eigentlich hört sie sie auch schon gar nicht mehr. Claudia geht vom vorderen Zugabteil zum hinteren und andersherum. Sie knipst die Fahrscheine ab, gibt Auskunft über Verspätungen oder die jeweiligen Anschlüsse, die den Reisenden an der nächsten Haltestelle zur Verfügung stehen, und sie unterhält sich über dies und das. Wenn sie einmal weniger zu tun hat, schaut sie gerne aus dem Fenster. Sie liebt es, zuzusehen, wie die Berge und Wälder an ihr vorbeiziehen. Und auch die Häuser entlang den Strecken schaut sie sich immer wieder gerne an. Besonders in der Vorweihnachtszeit, wenn alles weihnachtlich beleuchtet ist und die Kerzen der Adventskränze auf den Tischen flackern, könnte sie stundenlang an den Fenstern der Zugabteile stehen und hinausschauen. Wenn da nicht die Arbeit wäre ...

„Einsteigen bitte! Einsteigen bitte!",
ruft sie jedem laut ins Ohr.
„Bleiben Sie bitte nicht in der Mitte!
Treten Sie durch, gehen Sie vor!"
Liebe kleine Schaffnerin,
kling klang kling,
sag, wo fährt dein Wagen hin?
Kling klang kling.
Liebe kleine Schaffnerin,
gern bleib ich im Wagen drin,
und ich küsse dann sehr galant
deine kleine entzückende,
kleine berückende, Fahrkarten zwickende Hand,
und ich küsse dann sehr galant
deine kleine entzückende,
kleine berückende, Fahrkarten zwickende Hand.

Ja, Claudia könnte stundenlang hinausschauen. Aber spätestens an der nächsten Haltestelle muss sie sich wieder ihren Aufgaben widmen: Fahrkarten knipsen, Auskunft erteilen, Fahrgästen mit ihrem Gepäck helfen und noch viel mehr. Sie ist gerne behilflich. Claudia ist sehr glücklich über ihre Arbeit. Und darüber, dass sie so viele Menschen trifft, die ihr ihre Geschichten erzählen. Man muss nämlich wissen, dass Menschen, die auf einer langen Zugreise sind, manchmal einiges zu berichten haben. Und Claudia hat ein offenes Ohr für sie. Sie freut sich dann aber auch, nach einer tagelangen Reise wieder im Heimatbahnhof anzukommen, ihren eigenen Koffer zu nehmen und auszusteigen – wie die Zuggäste auf ihren Reisen auch. Das letzte Schnauben der Lok am Heimatbahnhof ist für Claudia immer das Signal, dass die beiden sich für eine Zeit lang wieder voneinander verabschieden müssen. Bis zur nächsten Reise. Und bis dahin freut sie sich, endlich ihre Familie und ihre Freunde wiederzusehen. Wenn man lange unterwegs ist, lernt man nämlich erst richtig zu schätzen, wie schön und wie wichtig ein Zuhause ist, in dem die Menschen warten, die man gern hat ...

„Aussteigen bitte! Aussteigen bitte!
Wir sind schon bei der Endstation!"
Doch ich bleib sitzen und nehm die dritte
Fahrkarte mir heute schon.
Liebe, kleine Schaffnerin,
gern bleib ich im Wagen drin,
und ich küsse dann sehr galant
deine kleine entzückende,
kleine berückende, Fahrkarten zwickende Hand,
und ich küsse dann sehr galant
deine kleine entzückende,
kleine berückende, Fahrkarten zwickende Hand.

Einsteigen bitte, aussteigen bitte!
Einsteigen bitte, aussteigen bitte!

Aktivierungen

Züge haben besonders auf kleine Jungen eine starke Anziehungskraft. Viele wünschen sich schon im Kleinkindalter, später einmal Schaffner oder Lokführer zu werden. Die Schaffnerinnen, die in dem bekannten Schlager „Liebe kleine Schaffnerin" besungen werden, wurden ab ca. 1942 in Zügen und in der Tram eingesetzt, da die Männer aufgrund des Krieges ihrer Arbeit in der Heimat nicht mehr nachkommen konnten.

Aus unserem Alltag sind Züge mittlerweile nicht mehr wegzudenken. Schon in den Sechzigerjahren wurden erstmals Möglichkeiten geprüft, mithilfe von Verbesserungen des Schienennetzes im Nah- und Fernverkehr das Verkehrswachstum auf den Straßen zu verlangsamen. 1965 verkehrten zwischen München und Augsburg die ersten Schnellzüge.

Mögliche Einstiegsfragen

Erinnern Sie sich noch an Ihre erste Zugfahrt? Erzählen Sie uns davon?
Fahren Sie gerne mit dem Zug? / Sind Sie früher gerne mit dem Zug gefahren?

Sind Sie schon einmal mit dem Zug verreist? Wohin ging die Reise?
Welche Fortschritte haben Sie im Verlauf der Zeit bei der Eisenbahn miterlebt?

Wussten Sie eigentlich, ...

- dass es in Deutschland rote Züge für den Regionalverkehr und weiße Züge für lange Strecken gibt?
- dass die Deutsche Bahn AG das größte Eisenbahnverkehrsunternehmen in Mitteleuropa ist?
- dass im Jahr 2016 etwa 4,4 Milliarden Reisende mit Bussen und Bahnen der Deutschen Bahn AG befördert wurden?

Sätze sortieren. Eine Reihenfolgeübung

Schreiben Sie jeden der folgenden 10 Sätze einzeln auf eine Karteikarte, oder fotokopieren Sie die Sätze, und schneiden Sie sie auseinander. Schneiden Sie die Nummerierung ab. Dann legen Sie sie bunt gemischt auf einen Tisch. Bitten Sie die Senioren, die Sätze der Reihenfolge nach zu ordnen. Im Anschluss wird die dadurch entstandene kleine Geschichte einmal im Ganzen vorgelesen.

1. Heute Morgen bin ich viel zu spät aufgestanden, hastig ziehe ich mich an.
2. Noch während ich den letzten Knopf meiner Hose schließe, renne ich die Straße entlang zum Bahnhof.
3. Auf dem Weg zum Bahnhof fällt mir auf, dass ich meine Fahrkarte zu Hause liegen gelassen habe.
4. Also krame ich noch unterwegs in meinem Portemonnaie herum, um Kleingeld für eine Zugfahrkarte zusammenzukratzen.
5. Als ich oben am Gleis ankomme, steht mein Zug schon dort.
6. Eilig ziehe ich meine Fahrkarte und haste in den Waggon.
7. Geschafft! Erleichtert suche ich mir einen Sitzplatz – von der Rennerei bin ich ganz schön aus der Puste.
8. Doch die Strapazen sind bald vergessen. Ich bin froh, dass ich meinen Zug noch erreicht habe, und schaue gedankenverloren aus dem Fenster.
9. Erst als die freundliche Schaffnerin vor mir steht, wache ich aus meinem Tagtraum auf.
10. Und dann bekomme ich doch noch einen Schreck: In der Eile habe ich ganz vergessen, meine Fahrkarte zu entwerten ...

Je nach Fähigkeiten der Gruppe können Sie die Übung dadurch erleichtern, dass Sie den ersten und den letzten Satz der kurzen Geschichte vorgeben. Möglicherweise auch noch einen in der Mitte.

Erinnern Sie sich an …

… den Film: „Mord im Orient-Express"?

Der Kriminalfilm aus dem Jahr 1974 ist die Verfilmung der 1934 veröffentlichten Romanvorlage von Agatha Christie. Die Autorin nahm die Entführung des Babys von Flugpionier Charles Lindbergh in den 1930er-Jahren als „Anregung" für ihren fiktiven Roman.

Wer hat mitgespielt? Albert Finney, Lauren Bacall, Martin Balsam, Ingrid Bergmann, Michael York, Sean Connery, Anthony Perkins, Vanessa Redgrave und andere …

Die Handlung

- Der belgische Detektiv Hercule Poirot reist nach einem abgeschlossenen Fall in Jordanien im Orient-Express zurück nach London.
- Im Speisewagen macht er die Bekanntschaft mit dem erfolgreichen Geschäftsmann Samuel Edward Ratchett; dieser bitte Poirot, ihn zu bewachen, und bietet ihm dafür viel Geld an.
- Poirot lehnt ab.
- Am nächsten Morgen wird Ratchett mit zwölf Messerstichen ermordet aufgefunden.
- Der Orient-Express bleibt auf freier Strecke im Schnee stecken, niemand kann den Zug verlassen.
- Poirot soll den Fall aufdecken und findet schließlich die wahre Identität des Opfers heraus.
- Spannender ist allerdings die Auflösung des Mordes, an dem, Poirots Ermittlungen zufolge, zwölf Menschen beteiligt waren …

Kennen Sie den Film? Mögen Sie den Film?

Du bist die Rose vom Wörthersee (Blumen)

Almenrausch und Enzian
haben's vielen angetan.
Und das schöne Edelweiß
liebt ein jeder heiß.
Doch viel schöner als die drei
Ist, ganz ohne Schmeichelei,
eine Alpenkönigin,
tief in Kärnten drin.
Auf dem Wasser
schwimmt sie hier,
und wer sie sieht,
der sagt zu ihr:

Du bist die Rose,
die Rose vom Wörthersee,
holiolioliholie, holioliolie.
Du bist die Schönste,
die Schönste vom Strandcafé,
holiolioliholie, holioliolie.

Und alle Herren an den Tischen,
die Fischer beim Fischen,
sie kommen um ihre Ruh.
Und auch die alten Karawanken,
sie wanken und sie schwanken.
Und schuld dran
bist nur du – du – du – du.

Du bist die Rose,
die Rose vom Wörthersee,
holiolioliholie, holioliolie.

Alle Männer hier am Strand,
mit und ohne Sonnenbrand,
glühen vor Begeisterung,
kommen gleich in Schwung.
Alle Fischlein hier im See
springen freudig in die Höh,
wenn ein Morgenbad du nimmst,
zwischen ihnen schwimmst.
Selbst der kleine Wasserfloh,
der schaut dich an und singt dann so.

Du bist die Rose,
die Rose vom Wörthersee,
holiolioliholie, holioliolie.
Du bist die Schönste,
die Schönste vom Strandcafé,
holiolioliholie, holioliolie.

Text: Erich Meder
Musik: Hans Lang
Interpretin: Maria Andergast

Schlagergeschichte

Rosas Eltern besitzen ein Ausflugslokal. Das Lokal ist direkt an einem großen See gelegen, in dem man schwimmen kann, angeln, rudern und sogar Segelboot fahren. Besonders im Frühling und im Sommer kommen viele Menschen in das Lokal. Rosas Eltern haben in dieser Zeit stets viel zu tun. Das macht ihr aber nichts aus. Morgens geht sie, wie jedes Mädchen in ihrem Alter, in die Schule. Mittags macht sie in der Stube ihre Schularbeiten und geht danach meist runter ins Lokal. Da die Wohnung der Familie direkt über dem Lokal ist, sind die Wege für Rosa glücklicherweise kurz. Am Nachmittag hilft Rosa ihren Eltern ein wenig im Lokal, erzählt ihrer Mutter von der Schule oder spielt mit Freundinnen, die sie ab und an dort besuchen. So ist es Rosa nie langweilig. Was Rosa zum Beispiel gern macht, ist das Serviettenfalten. Oder sie bereitet das Kaffeegeschirr vor, indem sie auf jede Untertasse ein Tropfdeckchen, eine Kaffeetasse, einen Kaffeelöffel, zwei Zuckertütchen und ein Plätzchen legt. Wenn niemand schaut, stibitzt sie manchmal heimlich ein Plätzchen. Dann lässt sie es ganz langsam in ihrem Mund zergehen und stellt sich vor, sie sei eine Konditorin und habe es gerade eben selbst gebacken.

Am liebsten ist Rosa aber draußen am See. Wenn sie dort nicht selber schwimmt, schaut sie den Gästen beim Baden zu. Oder sie beobachtet die Schiffe und Ruderboote weit draußen auf dem See. Rosa mag es sehr, wenn das Wasser in der Sonne glitzert und der seichte Wind ihr um die Nase weht. Sie kennt die meisten Leute, die das Lokal und den See besuchen, viele kommen regelmäßig bei schönem Wetter dorthin. Und alle Leute kennen gewiss auch Rosa ...

Almenrausch und Enzian
haben's vielen angetan.
Und das schöne Edelweiß
liebt ein jeder heiß.
Doch viel schöner als die drei
ist, ganz ohne Schmeichelei,
eine Alpenkönigin,
tief in Kärnten drin.
Auf dem Wasser
schwimmt sie hier,
und wer sie sieht,
der sagt zu ihr:

Du bist die Rose,
die Rose vom Wörthersee,
holiolioliholie, holioliolie.
Du bist die Schönste,
die Schönste vom Strandcafé,
holiolioliholie, holioliolie.

Und alle Herren an den Tischen,
die Fischer beim Fischen,
sie kommen um ihre Ruh.
Und auch die alten Karawanken,
sie wanken und sie schwanken.
Und schuld dran
bist nur du – du – du – du.

Du bist die Rose,
die Rose vom Wörthersee,
holiolioliholie, holioliolie.

Da die meisten Besucher des Lokals Rosa von klein auf kennen, hat sie das Glück, dass sie nachmittags ganz oft eingeladen wird, auf dem See rudern zu gehen, mit Segelbooten hinauszufahren oder eine Runde Wasserball zu spielen. Gerne macht sie mit ihren Freundinnen auch Ausflüge mit dem Fahrrad. Meist suchen sie sich dann eine Strecke aus, die am See entlangführt. So hat sie die ganze Zeit das Lokal und den glitzernden See im Blick. Ab und an darf Rosa sogar am Abend mit zum Angeln gehen. Das erlauben ihre Eltern allerdings nur in den Schulferien oder manchmal auch an den Wochenenden. Rosa ist, was das Angeln angeht, ein wenig zwiegespalten: Sie liebt es, in der Dunkelheit und in der Dämmerung am See zu sein. Sie mag es, die Grillen zu hören, den Glühwürmchen beim Umherschwirren zuzusehen und die Lichter rund um den See zu betrachten. Aber langes Stillsitzen? Nein, das ist überhaupt nichts für Rosa. Ganz zu schweigen von dem Geräusch, das sie hört, wenn die gefangenen Fische einen Schlag auf den Kopf bekommen. Dabei hält sie sich immer die Ohren zu und schaut nicht hin. Trotzdem geht sie gerne mit zum Angeln, sie kann ja jederzeit wieder nach Hause laufen – die Lichter vom Lokal sieht man abends von fast überall am Wasser, und sogar im Wasser sieht man sie.

Für Rosa gehören viele der Besucher schon fast zu Familie. Und sie fühlt sich sehr wohl, auch wenn ihre Eltern nicht immer Zeit für sie haben ...

Alle Männer hier am Strand,
mit und ohne Sonnenbrand,
glühen vor Begeisterung,
kommen gleich in Schwung.
Alle Fischlein hier im See
springen freudig in die Höh,
wenn ein Morgenbad du nimmst,
zwischen ihnen schwimmst.
Selbst der kleine Wasserfloh,
der schaut dich an und singt dann so.

Du bist die Rose,
die Rose vom Wörthersee,
holiolioliholie, holioliolie.
Du bist die Schönste,
die Schönste vom Strandcafé,
holiolioliholie, holioliolie.

Und alle Herren an den Tischen,
die Fischer beim Fischen,
sie kommen um ihre Ruh.
Und auch die alten Karawanken,
sie wanken und sie schwanken.
Und schuld dran bist nur du – du – du – du.

Du bist die Rose,
die Rose vom Wörthersee,
holiolioliholie, holioliolie.
holiolioliholie, holioliolie …

Im Herbst und im Winter wird es ruhiger um den See. Wenn die Bäume beginnen, ihre Blätter abzuwerfen, kommen die Gäste ins Lokal, um sich nach langen Spaziergängen mit heißen Getränken aufzuwärmen. Viele treffen sich auch dort, um gemeinsam zu knobeln, Karten zu spielen oder sich auf der Kegelbahn auszutoben. Rosa ist mit der Zeit auf der Kegelbahn schon richtig gut geworden, da kann ihr niemand so leicht etwas vormachen. Auch die Spielregeln beherrscht sie im Schlaf. In der kalten Jahreszeit haben ihre Eltern etwas mehr Zeit für sie. Am schönsten ist es zwischen fünf und sechs, kurz bevor das Abendgeschäft losgeht. Meist sitzen Rosa und ihre Mutter dann an dem Tisch neben dem Tresen, trinken heiße Schokolade, und malen oder lesen ein Buch. Und ab und zu bekommt Rosa von ihrer Mutter sogar ein Plätzchen dazu …

Aktivierungen

Die Sprache der Blumen kann etwas ausdrücken, was Worte nicht zu sagen vermögen. Sie wird oft als Metapher eingesetzt und begegnet uns immer wieder in Filmtiteln oder Liedern. Rote Rosen gelten als Zeichen inniger Zuneigung und wahrer Liebe. Für den Beschenkten sind sie oft etwas ganz Besonderes ...

Mögliche Einstiegsfragen

Erinnern Sie sich an den ersten Blumenstrauß, den Sie geschenkt bekommen haben?

Verbinden Sie bestimmte Erinnerungen mit besonderen Blumen? (Hochzeitsstrauß, die ersten Blumen vom späteren Ehemann, Blumen im Garten des Elternhauses ...)

Welche Blumen verschenken Sie selbst gerne?

Haben Sie eine besondere Lieblingsblume?

Sprichwörter und Redensarten

Wo sind die Satzanfänge geblieben? Wie heißen die Sprichwörter und Redewendungen rund um Blumen im Ganzen?

... die Blume sagen. *(Lösung: Etwas durch die Blume sagen.)*
... mehr als tausend Worte. *(Lösung: Eine Blume sagt mehr als tausend Worte.)*
... ohne Dornen. *(Lösung: Keine Rose ohne Dornen)*
... keinen Blumentopf gewinnen. *(Lösung: Damit kann man keinen Blumentopf gewinnen.)*

Wussten Sie eigentlich, ...

- dass die Wissenschaft von den Rosen als „Rhodologie" bezeichnet wird?
- dass es um die 250 verschiedene Rosenarten gibt?
- dass das aus den Blütenblättern gewonnene Rosenöl ein wichtiger Stoff für die Parfümindustrie ist?
- dass Hagebutten die Früchte verschiedener Rosenarten sind, z. B. der Heckenrose?

Rätsel: Blumen-Teekesselchen

▷ Lesen Sie den Teilnehmern jeweils das fett gedruckte Wort aus dem Themenbereich „Blumen" vor. Fragen Sie, welches „Teekesselchen" dazu passt – also welche andere Bedeutung das Wort haben kann. Wenn die Teilnehmer nicht von selbst auf die Lösung kommen, können Sie Hilfestellungen geben.

Blüte: Falschgeld
Blume: Schwanzspitze des Fuchses, Schaumkrone auf einem Bier
Blatt: Papier, Spielkarten
Tulpe: Bierglas
Fingerhut: Schutz für die Finger beim Nähen
Nelke: Gewürznelke
Veilchen: blaues Auge
Iris: Teil des Auges

Erinnern Sie sich an ...

... den Film: „Die Rose vom Wörthersee"?

Der deutsche Film „Die Rose vom Wörthersee" wurde 1952 in Deutschland uraufgeführt. Der bis heute bekannte Schlager „Du bist die Rose vom Wörthersee" von Hans Lang und Erich Meder aus dem Jahr 1947 diente als Vorlage für den Filmtitel und wurde auch als Titelmelodie verwendet.

Wer hat mitgespielt? Marte Harell, Grethe Weiser, Waltraut Haas, Hans Moser, Curd Jürgens ...

Die Handlung

- Der Komponist Jack Milston und die Tänzerin Kate Smith verlieben sich während ihrer gemeinsamen Zeit am New Yorker Broadway ineinander und verloben sich.
- Weil die zwei im Lauf der Zeit das Heimweh zu sehr plagt, gehen sie zurück in ihre österreichische Heimat.
- Dort treffen sie auf Kates Schwester Rosl, die einst in Jack verliebt gewesen war.
- Ebenso trifft Kate, die eigentlich Käthe Schmiedlechner heißt, wieder auf Thomas, den Sohn des örtlichen Metzgermeisters.
- Rosl, die in Kärnten am Wörthersee ein Hotel betreibt, und der Komponist Jack verlieben sich erneut ineinander und verloben sich.
- Und auch zwischen Käthe und Thomas werden alte Gefühle wieder neu erweckt.

Kennen Sie den Film? Mögen Sie den Film?

Schneewalzer (Winter)

*Immer wieder denk ich dran,
wann für uns das Glück begann:
Nicht im Sommer, nicht im Mai,
nicht im Herbst beim Duft vom Heu.
Nein, es war zur Winterszeit,
es war kalt und hat geschneit,
doch im Saal, da tanzten wir,
und ich sagte verliebt zu dir:*

*Den Schnee-, Schnee-, Schnee-,
Schneewalzer tanzen wir:
Du mit mir, ich mit dir!
Beim Schnee-, Schnee-, Schnee-,
Schneewalzer Arm in Arm
wird dir und wird mir auch
im Winter so wohlig warm!*

*Und wenn rot die Rosen blühn
und die Wiesen sind so grün
und der Mond sieht unser Glück,
denk ich oft und gern zurück
an den Schnee im Januar,
als die Welt verzaubert war
bei dem ersten Tanz mit dir,
und dann singst du wie einst mit mir:*

*Den Schnee-, Schnee-, Schnee-,
Schneewalzer tanzen wir:
Du mit mir, ich mit dir!
Beim Schnee-, Schnee-, Schnee-,
Schneewalzer Arm in Arm
wird dir und wird mir auch
im Winter so wohlig warm!*

Text: Thomas Koschat
Musik: Willi Bender
Bekannter Interpret: Peter Alexander

Schlagergeschichte

Schnee. Überall Schnee. Henry sieht aus dem Küchenfenster und traut seinen Augen nicht – über Nacht ist alles weiß geworden. Noch ist es dunkel, aber er stellt sich schon jetzt vor, wie schön der Schnee später in der Sonne glitzern wird ... Henry liebt den Winter, vor allem den Schnee. Die Luft ist dann so herrlich klar, und die Welt erscheint so still und friedlich. Er öffnet das Küchenfenster und spürt sogleich die frische, kalte Luft hereinströmen. Henry genießt den kalten Hauch auf seinen Wangen und atmet einmal tief ein und wieder aus. So kühl die Luft auch sein mag, bei dem Anblick von Schnee empfindet er ein pures, warmes Glücksgefühl in seinem Herzen. Und er beschließt, Angela zu wecken – das muss sie einfach sehen! Mit einer Tasse frisch aufgebrühten Kaffees geht er die Treppen hinauf ins Schlafzimmer. Er stellt die Kaffeetasse vorsichtig auf Angelas Nachttischchen und öffnet leise die Vorhänge. Durch den vielen Schnee im Garten ist es im Zimmer fast taghell. Es dauert nicht lange, da öffnet Angela ihre Augen. Henry steht schon mit leuchtenden Augen am Fenster und zeigt hinaus: „Sieh mal ..."

Immer wieder denk ich dran,
wann für uns das Glück begann:
Nicht im Sommer, nicht im Mai,
nicht im Herbst beim Duft vom Heu.
Nein, es war zur Winterszeit,
es war kalt und hat geschneit,
doch im Saal, da tanzten wir,
und ich sagte verliebt zu dir:

Den Schnee-, Schnee-, Schnee-,
Schneewalzer tanzen wir:
Du mit mir, ich mit dir!
Beim Schnee-, Schnee-, Schnee-,
Schneewalzer Arm in Arm
wird dir und wird mir auch
im Winter so wohlig warm!

Angela setzt sich auf. Vom Bett aus kann sie die Dächer der Nachbarhäuser sehen. Sie sind über und über mit Schnee bedeckt. Angela legt sich eine wärmende Decke um die Schultern und steht auf. Einen Moment lang stehen beide am Fenster und schauen hinaus. Und jeder weiß, was der andere gerade denkt ... Henry bewegt sich nach einer Weile als Erster. „Ich geh mal raus, den Weg frei machen", sagt er, und gibt Angela einen Kuss auf die Wange. Angela zieht sich die Decke ein wenig enger um die Schultern: „Ist gut. Ich werde mir erst mal etwas Warmes anziehen", antwortet sie. Henry kann es kaum erwarten, nach draußen zu kommen. Er geht in den Keller und holt seine warmen Winterschuhe aus dem Schrank. Vorsichtig streicht er einmal darüber, um ein paar Staubkörnchen abzuwischen. Im Flur legt er seinen Schal um, setzt die Wintermütze auf und zieht seine dicke Jacke an. Voller Vorfreude öffnet er die Haustür und spürt sofort wieder die frische, kalte Luft auf seiner Haut. Noch immer ist es friedlich draußen, in der Ferne hört er irgendwo ein Auto ganz langsam durch den Schnee fahren ...

Und wenn rot die Rosen blühn
und die Wiesen sind so grün
und der Mond sieht unser Glück,
denk ich oft und gern zurück
an den Schnee im Januar,
als die Welt verzaubert war
bei dem ersten Tanz mit dir,
und dann singst du wie einst mit mir:

Den Schnee-, Schnee-, Schnee-,
Schneewalzer tanzen wir:
Du mit mir, ich mit dir!
Beim Schnee-, Schnee-, Schnee-,
Schneewalzer Arm in Arm
wird dir und wird mir auch
im Winter so wohlig warm!

Henry tritt vor die Haustür und kann sofort den trockenen Schnee unter seinen Füßen spüren. Ganz langsam geht er die drei Stufen bis zum Weg im Vorgarten hinunter – fast so, als wolle er dem Schnee nichts zuleide tun. Auf dem Weg zum Gartenschuppen zieht er seine Handschuhe an. Die Sonne geht langsam auf, und er kann sehen, wie fein und wie glatt sich die einzelnen Schneeflocken über die Wiese gelegt haben. Henry genießt die frische, kühle Luft und atmet tief ein und aus. Er lauscht in die Ferne – und hört nichts. Es ist vollkommen still. Ganz sachte, fast so, als wolle er kein Geräusch machen, öffnet er den Schuppen und holt den Besen heraus. Behutsam fegt er den Schnee auf dem Weg im Garten und auf dem Gehweg zur Seite. Er streut ein wenig Sand und Salz, damit niemand ausrutscht. Am Gartentor bleibt Henry stehen. Er sieht nach links und rechts die Straße hinunter. Alles sieht so unberührt und friedlich aus, die Nachbarn schlafen alle noch. Und es ist auch noch kein einziges Auto durch die Straße gefahren. Ein paar Minuten steht er so da und schaut auf die glatte Schneedecke, die langsam in den ersten Sonnenstrahlen zu glitzern beginnt ...

Den Schnee-, Schnee-, Schnee-,
Schneewalzer tanzen wir:
Du mit mir, ich mit dir!
Beim Schnee-, Schnee-, Schnee-,
Schneewalzer Arm in Arm
wird dir und wird mir auch
im Winter so wohlig warm!

Aktivierungen

▷ Lesen Sie das folgende Gedicht vor und sprechen Sie mit den Senioren darüber. Einige Fragen zum Gesprächsbeginn finden Sie im Anschluss an das Gedicht.

Die drei Spatzen
In einem leeren Haselstrauch,
da sitzen drei Spatzen, Bauch an Bauch.
Der Erich rechts und links der Franz
und mittendrin der freche Hans.
Sie haben die Augen zu, ganz zu,
und obendrüber, da schneit es, hu!
Sie rücken zusammen dicht an dicht,
so warm wie der Hans hat's niemand nicht.
Sie hörn alle drei ihrer Herzlein Gepoch,
und wenn sie nicht weg sind, so sitzen sie noch.
Christian Morgenstern

Erinnern Sie sich an das Gedicht „Die drei Spatzen" von Christian Morgenstern? Das Gedicht malt ein sehr passendes Bild von den besonders schönen Seiten des Winters: von weißen Schneelandschaften, gemütlichem Beisammensein und Momenten, in denen man sich gegenseitig Wärme schenken kann ...

Mögliche Einstiegsfragen

Mögen Sie den Winter?
Welche Momente empfinden Sie im Winter als besonders schön?
Erinnern Sie sich an die Winter Ihrer Kindheit? Erzählen Sie uns davon?
Haben Sie früher gerne Schneemänner gebaut?

Sprichwörter und Redensarten

Ergänzen Sie folgende Sprichwörter und Bauernregeln rund um den Winter. Wer kann zu den Sprichwörtern etwas erzählen ...?

Später Winter, ... *... spätes Frühjahr.*
Auf den Winter folgt der Sommer, ... *... aber alte Leute werden nie wieder jung.*
Der Sommer ist ein Nährer, ... *... der Winter ein Verzehrer.*
Der Sommer gibt Korn, der Herbst leert sein Horn: Der Winter verzehrt, ... *... was die beiden beschert.*
Kalte Hände, ... *... heiße Liebe.*
Das ist Schnee ... *... von gestern.*

Wussten Sie eigentlich, ...

- dass der Winter 1962/1963 der strengste Winter des 20. Jahrhunderts für ganz Europa war?
- dass die zwölf Nächte nach der Wintersonnenwende „Raunächte" genannt werden? Diese zwölf Nächte sind besonders lang.
- dass man „Nordwinter" und „Südwinter" unterscheidet? Auf der nördlichen Erdhalbkugel sprechen wir von Nordwinter, auf der südlichen von Südwinter.

Erinnern Sie sich an ...

... den Film: Das Apartment

Der US-amerikanische Film von Billy Wilder aus dem Jahr 1960 spielt im Winter, genauer gesagt in der Vorweihnachtszeit. Er wurde im April 1961 mit fünf Oscars ausgezeichnet. Unter anderem bekam er den Oscar für den besten Film, was bis Schindlers Liste im Jahr 1993 keinem anderen Schwarz-Weiß-Film mehr gelang.

Wer hat mitgespielt? Jack Lemmon, Shirley MacLaine, Fred MacMurray, Jack Kruschen, Ray Walston ...

Die Handlung

- C. C. Baxter ist Angestellter in einer Versicherungsfirma in New York.
- Um seiner Karriere zum Aufschwung zu verhelfen, stellt er den leitenden Angestellten der Firma seine Wohnung in Manhattan als Liebesnest zur Verfügung.
- Ganze Abende lang verbringt er so in klirrender Kälte im Central Park einsam auf einer Bank.
- Als der Personalchef Mr. Sheldrake sich mit der Fahrstuhlführerin Fran Kubelik in seiner Wohnung trifft, wird Baxter wütend – auch er hat ein Auge auf Fran geworfen.
- Am Abend nach der jährlichen Weihnachtsfeier findet Baxter Fran leblos auf seinem Bett liegend, sie hatte erkannt, dass Sheldrake nicht ehrlich zu ihr war, und versucht, sich das Leben zu nehmen.
- Gemeinsam mit seinem Nachbarn und Arzt Dr. Dreyfuss versorgt er sie, bis sie sich erholt.
- Als Sheldrake ihr verspricht, sich von seiner Frau zu trennen, will sie allerdings zu ihm zurückkehren.
- Der enttäuschte Baxter verwehrt Sheldrake daraufhin den Zugang zu seiner Wohnung und verliert, wie erwartet, seinen Job.
- Als Fran Kubelik das erfährt, kündigt sie und fährt kurzerhand zu Baxter, um ihm ihre Liebe zu gestehen.

Kennen Sie den Film? Mögen Sie den Film?

Wir lieben die Stürme (Seefahrt/Abenteuer)

Wir lieben die Stürme, die brausenden Wogen,
der eiskalten Winde raues Gesicht.
Wir sind schon der Meere so viele gezogen,
und dennoch sank uns're Fahne nicht.
Heijo, heijo, heijo, heijo, heijoho, heijo, heijoho, heijo!

Unser Schiff gleitet stolz durch die schäumenden Wogen,
jetzt strafft der Wind uns're Segel mit Macht.
Seht ihr hoch droben die Fahne sich wenden,
die blutrote Fahne, ihr Seeleut, habt acht.

Heijo, heijo, heijo, heijo, heijoho, heijo, heijoho, heijo!

Wir treiben die Beute mit fliegenden Segeln,
wir jagen sie weit auf das endlose Meer.
Wir stürzen an Deck, und wir kämpfen wie Löwen,
hei, unser der Sieg, viel Feinde, viel Ehr!

Heijo, heijo, heijo, heijo, heijoho, heijo, heijoho, heijo!

Ja, wir sind Piraten und fahren zu Meere,
wir fürchten nicht Tod und den Teufel dazu,
wir lachen der Feinde und aller Gefahren,
am Grunde des Meeres erst finden wir Ruh.

Heijo, heijo, heijo, heijo, heijoho, heijo, heijoho, heijo!

Volksweise (Anf. 20. Jh.)

Schlagergeschichte

Jonas, Flo und Michael sind unzertrennlich. Kennengelernt haben sie sich schon in frühen Kindertagen, und seitdem haben sie sich nie aus den Augen verloren. Zusammen haben sie schon so viele Abenteuer erlebt, dass die Geschichten darüber mehrere Abende füllen würden. Sie waren Piraten, Polizisten, Indianer, Seemänner, Cowboys, Rennfahrer, Feuerwehrmänner, Banditen im wilden Westen, Astronauten und Tiefseetaucher. Ja, Sie haben richtig gehört, sogar Tiefseetaucher. Natürlich entsprangen alle Abenteuer ihrer wirklich blühenden Fantasie. Trotzdem blieben auch hier kleinere Verletzungen nicht aus – zum Leidwesen ihrer Mütter, die stets froh waren, wenn ihre Jungen wieder heil nach Hause kamen. Die Lust auf Abenteuer wollte sie ihnen aber nicht nehmen ...

Wir lieben die Stürme, die brausenden Wogen,
der eiskalten Winde raues Gesicht.
Wir sind schon der Meere so viele gezogen,
und dennoch sank uns're Fahne nicht.
Heijo, heijo, heijo, heijo, heijoho, heijo, heijoho, heijo!

Die schönsten ihrer Abenteuer erlebten die drei Burschen, wenn sie sich vorstellten, auf See unterwegs zu sein. Ob als Piraten, in einem Polizeiboot, als unerschrockene Seemänner oder eben als Tiefseetaucher – die Lust, der Gefahr und dem Unbekannten zu begegnen, beflügelte ihre Fantasie. Ihre Schiffe segelten in der Garage, im Garten von Flos Großeltern oder im Wald. Manchmal spielten sie auch auf dem stillgelegten Bahndamm, obwohl ihre Mütter ihnen das strengstens verboten hatten. Trotzdem – wenn sie sich unbeobachtet fühlten, wagten sie von Zeit zu Zeit den Weg auf die alten Bahngleise. Dann gingen sie als Polizisten auf Verbrecherjagd und stellten sich vor, den gefährlichsten Schurken in einem Motorboot auf den Fersen zu sein ...

Unser Schiff gleitet stolz durch die schäumenden Wogen,
jetzt strafft der Wind uns're Segel mit Macht.
Seht ihr hoch droben die Fahne sich wenden,
die blutrote Fahne, ihr Seeleut, habt acht.

Heijo, heijo ...

Auch heute sind die drei immer noch beste Freunde. Aus den unerschrockenen Jungen sind erwachsene Männer geworden. Nach all den Jahren treffen sie sich noch regelmäßig, um etwas zu unternehmen, an ihren Autos herumzuschrauben oder einfach nur der alten Zeiten zu gedenken. Erst vor Kurzem hat Jonas seine beiden Kameraden mit einer gemeinsamen Fahrt auf einer Segeljacht überrascht. Da alle drei keinen Segelschein haben, war natürlich jemand mit an Bord, der das Ruder übernehmen konnte. Voller frischer Abenteuerlust betraten sie die Jacht und fingen schon wieder an, sich spannende Geschichten auszudenken. Genauso, wie sie es früher als Kinder immer gemacht hatten. Schon nach ein paar Minuten auf See wurde es allerdings still an Deck. Flo wurde seekrank. Michael war der Gedanke, dass weit um ihn herum nichts als Wasser war, ziemlich unangenehm. Und auch Jonas hatte irgendwie nicht mehr so richtig Lust auf Abenteuer. Die einst so unerschrockenen Piraten waren froh, als sie schließlich wieder festen Boden unter den Füßen hatten ...

Wir treiben die Beute mit fliegenden Segeln,
wir jagen sie weit auf das endlose Meer.
Wir stürzen an Deck, und wir kämpfen wie Löwen,
hei, unser der Sieg, viel Feinde, viel Ehr!

Heijo, heijo ...

Sie brauchten eine Weile, bis sie sich erholten und bis der Boden unter ihren Füßen nicht mehr schwankte. Dann entschieden sie sich, den Tag nicht ohne ein Bier in der Kneipe an der Ecke ausklingen zu lassen. Michael hatte sein erstes Glas schon fast ausgetrunken, als Flo endlich das lange Schweigen brach. „Na, das war ja wohl ein Satz mit X!", sagte er ausdrucksvoll. Und plötzlich mussten alle drei schrecklich lachen. „Vielleicht sind wir schon zu alt für so etwas ...", mutmaßte Jonas mit einem Augenzwinkern, „beim nächsten Mal treffen wir uns wieder in einer unserer Garagen und schrauben an unseren Autos herum!" – „Oder wir lesen noch einmal die Geschichte von Peter Pan und Kapitän Hook ...", fügte Michael grinsend hinzu und nahm den letzten Schluck aus seinem Glas. Und auch in folgendem Punkt waren sie sich einig – über dieses Erlebnis auf See würden sie gern Stillschweigen bewahren ...

Ja, wir sind Piraten und fahren zu Meere,
wir fürchten nicht Tod und den Teufel dazu,
wir lachen der Feinde und aller Gefahren,
am Grunde des Meeres erst finden wir Ruh.

Heijo, heijo ...

Nach ein paar Treffen, bei denen sie wirklich nur zusammensaßen und sich mit kühlen Getränken und einer Bratwurst in der Hand über ihre Zeit als Seemänner oder Indianer auf dem Bahndamm unterhalten hatten, wurde es Jonas dann doch wieder zu langweilig. Er hatte Lust auf ein neues Abenteuer. Und so buchte er kurzerhand einen Segelflug für die unerschütterlichen drei. Ob das wohl gutgehen würde ...?

Aktivierungen

Abenteuergeschichten – nicht nur Kinder möchten die Abenteuer ihrer Helden gern selbst erleben. Einmal Piraten auf hoher See zu sein und furchtlos dem Wind und dem Meer gegenüberzustehen, davon träumt bestimmt jeder einmal. Was später daraus wird, zeigt sich dann ... Auf See herrscht ein raues Klima, und gerade deswegen ist gute Kameradschaft dort besonders wichtig. Man kann, wie in der gerade gelesenen Geschichte, aber auch ein paar ruhigere Töne anschlagen ...

Mögliche Einstiegsfragen
Sind Sie schon einmal mit einem Segelschiff oder einem Boot gefahren?
Haben Sie vielleicht sogar einen Segel- oder Bootsführerschein?
Haben Sie schon einmal eine Kreuzfahrt unternommen?
Sind Sie schon einmal seekrank geworden?
Haben Sie schon einmal einen Hafen besucht? Wo war das, und welche Schiffe konnten Sie sich dort ansehen?

Sprichwörter und Redensarten

Vom Winde verweht ... Bei den folgenden Sprichwörtern und Redensarten rund um die Seefahrt ist einiges durcheinandergekommen! Wer kann helfen, die falschen Begriffe gegen die richtigen auszutauschen?

Mast- und Schlauchboot. *(Lösung: Mast- und Schotbruch.)*

Immer einen Fußbreit Sand unter dem Kiel! *(Lösung: Immer eine Handbreit Wasser unter dem Kiel!)*

Wo man nicht angeln kann, muss man fischen. *(Lösung: Wo man nicht segeln kann, muss man rudern.)*

Auf tiefem Wasser und vor dem Gesetz sind wir in Christi Hand. *(Lösung: Auf hoher See und vor Gericht sind wir in Gottes Hand.)*

Bei schlechtem Wetter kann jeder segeln. Erst bei Sonne zeigt sich der wahre Kapitän. *(Lösung: Bei schönem Wetter kann jeder segeln. Erst bei Sturm zeigt sich der wahre Kapitän.)*

Wir können an der Flaute nichts ändern, aber wir können das Paddel nehmen. *(Lösung: Wir können den Wind nicht ändern, aber wir können die Segel anders setzen.)*

Jemandem das Kind aus den Kegeln nehmen. *(Lösung: Jemandem den Wind aus den Segeln nehmen.)*

Die Segel pinseln. *(Lösung: Die Segel streichen.)*

In einem Bett sitzen. *(Lösung: In einem Boot sitzen.)*

In jemandes Kaffeesahne segeln. *(Lösung: In jemandes Kielwasser segeln.)*

Wussten Sie eigentlich, ...

- dass die See- bzw. Schifffahrt zu den ältesten Tätigkeiten der Menschen gehört? Schon gegen Ende der Altsteinzeit besiedelten die ersten Seefahrer kleine Inseln und nutzten die Fortbewegung auf dem Wasser zum Handeln.
- dass der Namensgeber eines Kriegsschiffs und zweier Segelschulschiffe der Marine, Gorch Fock, schon im Alter von 26 Jahren während einer Schlacht im Ersten Weltkrieg starb? Seine Taten waren aber noch weit über seinen Tod hinaus berühmt. Berichte über sein Leben wurden teilweise sogar vertont und verfilmt.
- dass für den Schiffsverkehr auf deutschen Gewässern die Seeschifffahrtsstraßen-Ordnung und die Binnenschifffahrtsstraßen-Ordnung gelten?

Rätselfragen

Wie heißt der Hauptverantwortliche an Bord eines Schiffs, der ganz besondere Befugnisse hat?
a) Trainer
b) Stürmer
c) Kapitän (Lösung)

Ein Seewasserfahrzeug, das zur Beförderung von Personen bestimmt ist, nennt sich
a) Passagierschiff (Lösung)
b) Rangierschiff
c) Flanierschiff

Berichte von Seeleuten über ihre Erlebnisse auf See, die nicht immer ganz der Wahrheit entsprechen, nennt man im Volksmund auch
a) Seemannswolle
b) Seemannsgarn (Lösung)
c) Seemannsleinen

Weht der Wind vom Land in Richtung See, so sagt der Seemann, der Wind wehe
a) zuseeig
b) anflutig
c) ablandig (Lösung)

Einen Yachthafen nennt man auch
a) Marina (Lösung)
b) Martina
c) Sabrina

Ein Segeltörn ist die heutige Bezeichnung wofür?
a) Für ein Seil, mit dem man das Segel einholen kann
b) Für eine Strecke, die mit einem Segelboot zurückgelegt wird (Lösung)
c) Für einen sehr wetterbeständigen Segeltuchstoff

Erinnern Sie sich an ...

... den Film: „Meuterei auf der Bounty"?

Der Film aus dem Jahr 1962 ist die erste Farbverfilmung der Geschichte über die bekannte Meuterei, basierend auf der Buchvorlage „Die Meuterei auf der Bounty: Schiff ohne Hafen" von Charles N. Nordhoff. „Meuterei auf der Bounty" war dreimal für den Golden Globe und in sieben Oscar-Kategorien nominiert, ging jedoch bei allen Preisverleihungen leer aus.

Wer hat mitgespielt? Marlon Brando, Trevor Howard, Richard Harris, Hugh Griffith, Richard Haydn, Percy Herbert ...

Die Handlung

- Die HMS Bounty macht sich unter dem Kommando von Kapitän Bligh auf den Weg nach Tahiti, um eine Ladung Stecklinge des Brotfruchtbaums zu holen.
- Der Kapitän führt an Bord eine Terrorherrschaft – jeder, der sich ihm widersetzt, wird bestraft, auch mit dem Tod.
- Lediglich sein erster Offizier, Fletcher Christian, wagt, sich Bligh entgegenzustellen.
- Die Mannschaft verbringt einige Monate auf Tahiti, da die Bäume sich in ihrer Ruheperiode befinden; in dieser Zeit vergnügen die Männer sich mit den einheimischen Frauen.
- Christian verliebt sich in Maimiti, die Tochter des Häuptlings.
- Nach der Abfahrt werden die Unterdrückungen und Grausamkeiten Blighs schlimmer, am 28. April 1789 kommt es deshalb zur Meuterei.
- Fletcher setzt Bligh und seine letzten Anhänger in einer Barkasse aus; er selbst segelt mit dem Rest der Mannschaft zurück nach Tahiti und nimmt die ihnen bekannten Frauen und einige Landsmänner zur Unterstützung mit aufs Schiff.
- Sie verstecken sich auf der Insel Pitcairn.
- Bligh verantwortet sich schließlich in England vor Gericht
- Fletcher überlegt, sich in England einem Militärgericht zu stellen. Die Mannschaft versucht dies zu unterbinden, indem sie die Bounty anzündet.
- Fletcher Christian stirbt bei dem Versuch, die Bounty zu retten.

Kennen Sie den Film? Gefällt er Ihnen?

Tanze mit mir in den Morgen (Tanzen)

Tanze mit mir in den Morgen,
tanze mit mir in das Glück.
In deinen Armen zu träumen,
ist so schön bei verliebter Musik.

Darf ich bitten zum Tango um Mitternacht?,
fragte ich Susann – sie sah mich nur an,
und ich wusste, dass sie mich so glücklich macht
wie's nur eine im Leben kann.

Tanze mit mir in den Morgen ...

Darf ich bitten zum Tango um Mitternacht?,
sprach ein Kavalier nachts darauf zu ihr.
Er war schneller und hat sie nach Haus gebracht,
doch ich träumte nur noch von ihr.

Tanze mit mir in den Morgen ...
Darf ich bitten zum Tango um Mitternacht?,
ruf ich bei Susann schon am Morgen an.
Hat sie mich auch deswegen oft ausgelacht,
wenn es 12 ist, lacht sie mich an.

Tanze mit mir in den Morgen ...

Text: Karl Götz
Musik: Kurt Hertha
Interpret: Gerhard Wendland

Schlagergeschichte

Als Jakob Susann das erste Mal sah, war er wie vom Blitz getroffen. Nichts ahnend saß er in dem kleinen Tanzlokal unten an der Dorfstraße und unterhielt sich mit seinen Kameraden. Da trat Susann durch die Tür. Mit ihrem roten Faltenrock und der schwarzen Bluse fiel sie ihm sofort auf. Von einem Augenblick auf den anderen hatte er nur noch Augen für Susann und vergaß alles andere, was um ihn herum geschah. Er stellte sich vor, wie schön es wäre, mit ihr bei verliebter Musik zu tanzen ...

Tanze mit mir in den Morgen,
tanze mit mir in das Glück.
In deinen Armen zu träumen,
ist so schön bei verliebter Musik.

Sollte er sie ansprechen? Oder sollte er es sein lassen? War sie überhaupt allein da, oder traf sie sich mit einem Mann? Jakob wurde ganz nervös. Ihm wurde heiß und kalt. Und er ließ Susann keine Sekunde lang aus den Augen. Er schaute zu, wie sie sich bewegte, wie sie mit ihren Freundinnen sprach und wie sie das Glas in ihren Händen hielt. Ab und an strich sie sich eine kleine Strähne aus der Stirn, die ihr immer wieder ins Gesicht fiel.

Auch Jakobs Freunden war Susann aufgefallen. Und sie sahen schnell, was mit Jakob geschehen war. „Geh zu ihr rüber", flüsterte sein Freund Daniel ihm ins Ohr. Erst in diesem Moment war Jakob mit seinen Gedanken wieder bei ihnen. „Meinst du?", fragte er. Er war nicht sicher, ob er sich wirklich trauen würde, sie anzusprechen. Andererseits – wenn er sie nicht zum Tanzen aufforderte, würde es gewiss jemand anderer tun. Und dieses Risiko konnte er auf keinen Fall eingehen. Nicht an diesem Abend. Jakob stand auf, nahm einen kleinen Schluck aus seinem Glas und ging langsam zu Susann in Richtung Theke. Ihre rehbraunen Augen ließen seine Knie ganz weich werden. Doch er schaffte es, sie mit einer einladenden Handbewegung auf die Tanzfläche zu bitten: „Darf ich bitten zum Tango um Mitternacht ...?"

Darf ich bitten zum Tango um Mitternacht?,
fragte ich Susann – sie sah mich nur an,
und ich wusste, dass sie mich so glücklich macht
wie's nur eine im Leben kann.

Tanze mit mir in den Morgen ...

Sie tanzten einen Tango. Dann noch einen und noch einen. Jakob wusste gar nicht, wie ihm geschah. Sie tanzten bis spät in die Nacht – bis ihnen die Füße wehtaten. Noch auf dem Nachhauseweg klangen die Töne jedes einzelnen Liedes, zu dem sie getanzt hatten, in Jakob nach. Glücklich und zufrieden fiel er ins Bett. Bevor er allerdings zu träumen begann, dachte er noch: „Heute Abend muss ich sie auf jeden Fall wiedersehen ..."

So geschah es auch, im gleichen Tanzlokal wie am Vorabend, fast zur gleichen Uhrzeit. Er kam nur ein paar Minuten später. Ein Fehler, wie ihm schnell klar wurde. Seine Susann tanzte – mit einem anderen Mann. Wieder wurden seine Knie ganz weich, diesmal allerdings vor Entsetzen. Es haute ihn sprichwörtlich um, sodass er sich erst einmal setzen musste. Wieder blieb er den ganzen Abend bis spät in die Nacht. Allerdings tanzte er nicht in Susanns Armen, sondern beobachtete sie und den anderen Mann argwöhnisch von einem Platz in der hintersten Ecke des Tanzlokals. Als die beiden gemeinsam das Lokal verließen, brach eine Welt für ihn zusammen. Jakob trottete allein nach Hause. Schlafen konnte er in dieser Nacht nicht. Er dachte nur noch an Susann ...

Darf ich bitten zum Tango um Mitternacht?,
sprach ein Kavalier nachts darauf zu ihr.
Er war schneller und hat sie nach Haus gebracht,
doch ich träumte nur noch von ihr.

Tanze mit mir in den Morgen ...

Jakob wachte ganz gerädert auf. Erst in den frühen Morgenstunden war er eingeschlafen, wenn auch nur für zwei, drei Stunden. Kurz vor dem Einschlafen hatte er einen Entschluss gefasst: Er würde auf keinen Fall den Kopf in den Sand stecken. Und er würde nie wieder in seinem Leben zu spät kommen. Kurz entschlossen und selbstbewusst – was eigentlich gar nicht seine Art war – ging er zum Telefon, nahm den Hörer ab und wählte Susanns Nummer. Wenigstens die hatte er beim gemeinsamen Tangotanzen erobert. Als Susann sich meldete, stockte ihm der Atem. Er fing sich allerdings schnell wieder. Schließlich war das seine einzige Chance, Susanns Herz doch noch für sich zu gewinnen. Seine Worte waren: „Darf ich bitten zum Tango um Mitternacht?" Auf die gleiche Weise, wie er sie am vorletzten Abend eingeladen hatte. Am anderen Ende der Leitung herrschte für einen Moment Stille. Dann meinte er, ein Lachen zu vernehmen. Und tatsächlich: Susann lachte und sagte ganz berührt und wie selbstverständlich: „Ja." Als sie um Mitternacht wieder ihren Tango tanzten, lächelten die beiden sich glücklich an. Und in dieser Nacht brachte Jakob seine Susann auch nach Hause ...

Darf ich bitten zum Tango um Mitternacht?,
ruf ich bei Susann schon am Morgen an.
Hat sie mich auch deswegen oft ausgelacht,
wenn es 12 ist, lacht sie mich an.

Tanze mit mir in den Morgen ...

Heute gehört dieses Erlebnis zu den Geschichten, die die beiden immer und immer wieder erzählen. Auch noch nach über dreißig Jahren Ehe. Und jedes Mal, wenn sie um Mitternacht zusammen tanzen, muss Susann einfach lächeln ...

Aktivierungen

Tanzen kann als Sport betrieben werden, es schenkt Paaren aber auch einen ganz besonderen Raum, in dem sie sich gegenseitige Zuneigung und Liebe zeigen. Denken wir nur an den Hochzeitstanz, mit dem frischvermählte Paare die Tanzfläche eröffnen. Oder immer wieder den besonderen Moment, wenn ein Mann eine Frau zum Tanzen auffordert. Manchmal entwickeln sich beim gemeinsamen Tanzen neue Beziehungen. Und seien wir mal ehrlich: Wer könnte nicht mindestens eine lustige Geschichte darüber erzählen, wie man sich beim Tanzen gegenseitig auf die Füße trat?

Mögliche Einstiegsfragen
Tanzen Sie gerne? Welchen Tanz lieben Sie am meisten?
Haben Sie eine Tanzschule besucht? Wie alt waren sie damals? Erzählen Sie uns davon?
Welchen Eröffnungstanz haben Sie auf Ihrer Hochzeit getanzt?
Erinnern Sie sich noch an die Tanzkarten von früher? Erzählen Sie uns davon ...
Gibt es besondere (emotionale oder lustige) Momente, die sie mit dem Tanzen verbinden?

Sprichwörter und Redensarten

Ergänzen Sie die fehlenden Wörter!

Ist die ... aus dem Haus, tanzen die ... auf dem ... *(Lösung: Katze, Mäuse, Tisch)*
... auf der Nase ... *(Lösung: jemandem, herumtanzen)*

Es gehört ... zum Tanz als ... Schuh'. *(Lösung: mehr, rote)*

Wussten Sie eigentlich, ...

- dass der klassische Paartanz ungefähr im 15. Jahrhundert an den europäischen Höfen beliebt wurde?
- dass die internationalen Standardtänze der langsame Walzer, Tango, Slowfox, der Wiener Walzer und der Quickstepp sind?
- dass die Volkstänze nach klassischen Handwerksberufen benannt worden sind, da sie oft deren Geschichten erzählten? (Töpfertanz, Webertanz, Schusterpolka ...)

Sätze formulieren: Das Gegenteil

Ergänzen Sie die folgenden Satzanfänge mit dem Gegenteil dessen, was Sie wirklich machen würden ...

1. Wenn ich meine Liebste zum Tanzen auffordere, frage ich, ob sie ...
2. Auf einem Ball trage ich mich auf der Tanzkarte der Frau ein, die am besten ...
3. Wenn ich zu einer Tanzstunde gehe, dann ziehe ich am liebsten diese Kleidungsstücke an: ...
4. Während des Tanzens erzähle ich meinem Tanzpartner/meiner Tanzpartnerin immer von ...
5. Als Schuhwerk zum Tanzen wähle ich am liebsten ein Paar ...
6. Wenn mich ein netter Mann zum Tanzen auffordert, schaue ich ihm in die Augen und sage: ...
7. Ich tanze gerne einen Wiener Walzer. Am liebsten zu dem Lied ...
8. Bei meinem ersten Abschlussball trug ich ein Kleid/einen Anzug, das/der ...
9. Ich hatte einmal einen Tanzpartner/eine Tanzpartnerin, der/die mir dauernd ...
10. Das Tanzen habe ich gelernt von ...

Rätsel: Das Tanz-Quiz

Wie nennt man eine festliche Tanzveranstaltung, zu der meist ein ausgewähltes Publikum eingeladen wird?
a) Ball (Lösung)
b) Kugel
c) Kreis

Was ist eine Debütantin?
a) eine Tulpe, die das erste Mal blüht
b) eine junge Frau, die in die Gesellschaft eingeführt wird (Lösung)
c) eine ältere Dame, die das erste Mal tanzt

Einen Tanz, der von zwei Personen gemeinsam getanzt wird, nennt man ...
a) Triennale
b) Paartanz
c) Zweierpasch

Mit welchem Tanz eröffnen Hochzeitspaare klassischerweise die Tanzfläche auf ihrer Hochzeitsfeier?
a) mit einem Samba
b) mit einem Tango
c) mit einem Walzer (Lösung)

Wie nennt man den Gesellschaftstanz, der sich durch seine charakteristischen Handschläge auf die Oberschenkel und Schuhe auszeichnet?
a) Stiefelglattler
b) Schuhplattler (Lösung)
c) Sandalensattler

Nennen Sie zwei Standardtänze
(Beispiele: Tango, Wiener Walzer, Langsamer Walzer, Slowfox, Quickstepp)

Nennen Sie zwei Lateinamerikanische Paartänze
(Beispiele: Samba, Cha-Cha-Cha, Jive, Rumba, Paso Doble)

Erinnern Sie sich an ...

... den Tanzfilm: „Du sollst mein Glücksstern sein", der im Jahr 1953 Premiere in Deutschland feierte? Der Originaltitel des Films ist „Singin' in the Rain".

Das Lied „Singin' in the Rain", das im Film von Gene Kelly gesungen wird, stammt aus dem Jahr 1929 und wurde unter anderem durch diesen Film weltberühmt.

Wer hat mitgespielt? Gene Kelly, Donald O'Connor, Debbie Reynolds, Jean Hagen, Millard Mitchell ...

Die Handlung

- Don Lockwood ist Ende der Zwanzigerjahre ein beliebter Stummfilmstar, der von seiner Filmpartnerin Lina Lamont umworben wird.
- Don mag Lina nicht. Er lernt aus Zufall die junge Schauspielerinn Kathy Selden kennen – und lieben.
- Im Zuge des Erfolgs des ersten Tonfilms sollen Don und Lina gemeinsam einen Tonfilm drehen, Linas Stimme erweist sich dafür allerdings als nicht geeignet.
- Lina soll von Kathy synchronisiert werden.
- Lina gefällt das gar nicht. Sie versucht alles Mögliche, um Don und Lina auseinanderzubringen und um in der Öffentlichkeit geheim zu halten, dass ihre Filmstimme nicht ihre eigene Stimme ist.
- Der Studioboss R. F. Simpson und Don Lockwood lassen den Schwindel während der Premiere des Films auffliegen.

Kennen Sie den Film? Gefällt er Ihnen?

Am Rosenmontag bin ich geboren (Karneval)

Am Rosenmontag bin ich geboren,
am Rosenmontag in Mainz am Rhein.
Bis Aschermittwoch bin ich verloren,
denn Rosenmontagskinder müssen närrisch sein.

Mein' Papa sein Wahlspruch war Spaß an der Freud,
und gestern war gestern und heute ist heut.
Und dann hat er um meine Mutter gefreit,
was daraus dann wurde, steht vor euch, ihr Leut.

Am Rosenmontag bin ich geboren,
am Rosenmontag in Mainz am Rhein.
Bis Aschermittwoch bin ich verloren,
denn Rosenmontagskinder müssen närrisch sein.

Und sollt eines Tages ein Mann um mich frein,
dann darf es vor allem kein Trauerkloß sein.

Wir brauchen kein' Reichtum,
wir brauchen kein Geld,
und feiern wir Fastnacht,
gehört uns die Welt.

Am Rosenmontag bin ich geboren,
am Rosenmontag in Mainz am Rhein.
Bis Aschermittwoch bin ich verloren,
denn Rosenmontagskinder müssen närrisch sein.

Text und Musik: Charly Niessen
Interpretin: Margit Sponheimer

Schlagergeschichte

Marie schlägt die Augen auf und ist sofort hellwach. Rosenmontag! Wie lange hat sie auf diesen Tag gewartet? Sie stürmt ins Bad, wäscht sich das Gesicht und putzt sich die Zähne. Dann eilt sie wieder in ihr Kinderzimmer, wo sie gestern mit Mama schon ihr Kostüm bereitgelegt hat. Als Vampir würde sie sich in diesem Jahr verkleiden. Mit einem langen schwarzen Umhang mit hohem Kragen, einer schwarze Perücke und spitzen Vampirzähnen. Die Vampirzähne haben es Marie besonders angetan, sie mussten in den letzten Wochen unbedingt regelmäßig probegetragen werden. Maries Herz klopft vor lauter Aufregung sehr schnell. Ganz alleine zieht sie ihre schwarze Leggings und den schwarzen Pullover an. Auch die Vampirzähne landen schon in ihrem Mund. Mit der Perücke und ihrem langen Vampirumhang eilt sie in die Küche zu ihrer Mama ...

Am Rosenmontag bin ich geboren,
am Rosenmontag in Mainz am Rhein.
Bis Aschermittwoch bin ich verloren,
denn Rosenmontagskinder müssen närrisch sein.

Marie fährt heute zum ersten Mal mit ihrer Tante zum großen Karnevalsumzug nach Mainz. Damit sie einen guten Platz in der Menge erhaschen können, fahren sie früh los. Schon nach dem Frühstück wird Marie von Tante Margarethe abgeholt. Ihre Mama hilft ihr, den Umhang umzubinden und die Perücke mit den schwarzen Haaren aufzusetzen. Marie nimmt die Vampirzähne zum Frühstücken lieber aus dem Mund, sie möchte sich schließlich ihr schönes Kostüm nicht schon am Morgen bekleckern. Vor Aufregung kann sie aber gar nicht viel essen – zu groß ist die Vorfreude auf die Umzugswagen, die Pferde, sie bunten Kostüme und die vielen Bonbons, die sie in Mainz erwarten werden. Das hofft Marie jedenfalls inständig!

Mein' Papa sein Wahlspruch war Spaß an der Freud,
und gestern war gestern und heute ist heut.
Und dann hat er um meine Mutter gefreit,
was daraus dann wurde, steht vor euch, ihr Leut.

Am Rosenmontag bin ich geboren,
am Rosenmontag in Mainz am Rhein.
Bis Aschermittwoch bin ich verloren,
denn Rosenmontagskinder müssen närrisch sein.

Maries Mama schaut ihr kleines Vampirmädchen stolz, aber auch ein wenig wehmütig an. War es nicht erst vor Kurzem, als sie ihre kleine Marie am Rosenmontag vor sechs Jahren das erste Mal in den Armen halten durfte? Und jetzt ist sie schon so groß, dass sie sich fast alleine auf den Weg zum Rosenmontagszug macht. „Aus dem Mädchen wird bestimmt mal ein richtiger Karnevals-Jeck!", haben die Leute schon früher immer gesagt. Und ja, es stimmte: Marie liebte es, sich zu verkleiden. Schon als sie noch ganz klein war, setzte sie sich Töpfe auf den Kopf, band sich Schleifen um den Bauch und legte sich Geschirrtücher um die Schultern. Dieses Rosenmontagskind hatte schon fast jedes Kostüm in seinem jungen Leben getragen – sie war schon Prinzessin, Hexe, Marienkäfer, Pirat, Katze, Maus, Clown, Polizistin und Krankenschwester gewesen. Und in diesem Jahr sollte es eben der Vampir sein ...

Und sollt eines Tages ein Mann um mich frein,
dann darf es vor allem kein Trauerkloß sein.

Wir brauchen kein' Reichtum,
wir brauchen kein Geld,
und feiern wir Fastnacht,
gehört uns die Welt.

Am Rosenmontag bin ich geboren,
am Rosenmontag in Mainz am Rhein.
Bis Aschermittwoch bin ich verloren,
denn Rosenmontagskinder müssen närrisch sein.

Marie zieht nach dem kleinen Frühstück sofort ihre Schuhe an und stellt sich vor die Haustür. Zum Glück muss sie nicht mehr lange warten, bis Tante Margarethe kommt. Sie verabschiedet sich von ihrer Mama und sitzt im Nu im Auto. In Mainz angekommen, läuft sie so schnell zur Zugstrecke, dass ihre Tante ganz aus der Puste ist, als sie dort ankommen. Maries Augen leuchten. Noch steht der Zug still, aber die bunt geschmückten Häuser und die Kostüme der anderen Besucher verzaubern das kleine Mädchen mit dem langen Vampirumhang und den spitzen Zähnen.
Als sich der Zug in Bewegung setzt, ist Marie in einer ganz anderen Welt. Sie fühlt sich unter den vielen Clowns, Bären, Pippi Langstrumpfs, Bienen und Piraten pudelwohl. Auch Tante Margarethe staunt nicht schlecht, wie lange Marie

mittanzt, singt und schunkelt, ohne müde zu werden. Eine Weile beobachtet sie ihre Kleine und muss dabei wieder und wieder lächeln. „Na, dass du nur später einen richtigen Jecken heiratest!", denkt sie still und hilft Marie weiter fleißig, Kamelle zu fangen ...

Am Rosenmontag bin ich geboren,
am Rosenmontag in Mainz am Rhein.
Bis Aschermittwoch bin ich verloren,
denn Rosenmontagskinder müssen närrisch sein.

Bis Aschermittwoch bin ich verloren,
denn Rosenmontagskinder müssen närrisch sein.

Am Abend ist Marie glücklich. Tante Margarethe fährt ihr kleines Rosenmontagskind und die gesammelten Kamelle nach Hause. Beim Einsteigen erzählt Marie noch begeistert, was sie alles gesehen und erlebt hat. Und sie schwärmt von den vielen Pferden und den schönen Kostümen der Tanzmariechen. Schon nach ein paar Minuten schläft sie zufrieden im Auto ein. Davon, dass Tante Margarethe und ihre Mama sie ins Bett legen, bekommt sie nichts mit. Sie wundert sich am nächsten Morgen nur ein klein wenig, dass sie ihren Vampirumhang noch anhat. Dann fällt es ihr aber sofort wieder ein: Es ist ja Karneval! Mit viel Helau und Kamelle geht das Feiern für das Rosenmontagskind auch am Veilchendienstag in der Schule weiter. Bis – ja, bis zum Aschermittwoch. Denn am Aschermittwoch ... ist alles vorbei!

Aktivierungen

Karneval, Fastnacht, Fasching: Wir kennen sie gut, die fünfte Jahreszeit. Der eine feiert mehr, der andere weniger oder auch gar nicht. Aber viele nutzen die Möglichkeit, einmal in eine andere Rolle zu schlüpfen und anders zu sein als sonst. Kindern fällt das besonders leicht. Sie suchen sich oft Kostüme von ihren Lieblingsfiguren aus Märchen und Geschichten aus und stellen sich vor, so zu sein wie sie. Bei den Erwachsenen steht im Karneval oft das Feiern selbst im Mittelpunkt, wobei der eine oder andere dabei gern mal „aus der Rolle fällt" ...

Mögliche Einstiegsfragen

Mögen Sie den Karneval/Fasching?

An welche Verkleidungen, in die Sie als Kind geschlüpft sind, erinnern Sie sich noch?

In welche Rolle würden Sie heute gerne schlüpfen? Vielleicht für einen Tag?

Welche Karnevalsbräuche kennen Sie noch von früher?

Waren Sie schon einmal auf einem großen Rosenmontagszug?

Sprichwörter und Redensarten

Welche zwei Sprichwörter und Redewendungen wurden hier vor lauter Karnevalsfreude vermischt?

Kinder und Narren haben die Wahrheit gefressen.
(Lösung: Einen Narren an jemandem gefressen haben. **&** *Kinder und Narren sagen die Wahrheit.)*

Hoffen und Harren macht mehr, als zehn Weise beantworten können.
(Lösung: Ein Narr fragt mehr, als zehn Weise beantworten können. **&** *Hoffen und Harren macht manchen zum Narren.)*

Je größer das Lachen, desto größer erkennt man den Narren.
(Lösung: Am vielen Lachen erkennt man den Narren. **&** *Je größer der Narr, desto größer der Schaden.)*

Wussten Sie eigentlich, ...

- dass beim Kölner Rosenmontagsumzug 2016 etwa 120 Festwagen unterwegs waren, die rund 300 Tonnen Süßigkeiten verteilt haben?
- dass die beliebtesten Verkleidungen heutzutage Märchen- und Fantasiefiguren sind (Prinzessin, Hexe, Zauberer ...)?
- dass der Düsseldorfer Rosenmontagszug der drittgrößte in Deutschland ist (nach Köln und Mainz)?

Wortspiele

Wörter mit Karneval

▷ Bei dieser Gedächtnisübung sollen möglichst viele Wörter mit „Karneval" gefunden werden. Schreiben Sie die gefundenen Wörter auf ein Flipchart oder auf große Karten, und lesen Sie sie am Ende der Übung noch einmal gemeinsam vor. Je nach Region können natürlich auch Wörter mit „Fastnacht", „Fasching" etc. gesucht werden.

Beispiele: Karnevalsumzug, Karnevalsfeier, Karnevalsverkleidung, Kinderkarneval, Karnevalsprinz, Karnevalsgesellschaft, Karnevalsverein, Straßenkarneval, Karnevalsdekoration, Karnevalskostüm, Karnevalshochburg, Karnevalslied ...

Erinnern Sie sich an ...

... die Serie: „Ein Herz und eine Seele"? Die Folge „Rosenmontagszug" wurde im Jahr 1974 das erste Mal ausgestrahlt. **Wer hat mitgespielt?** Heinz Schubert, Elisabeth Wiedemann, Helga Feddersen, Hildegard Krekel, Dieter Krebs, Klaus Dahlen ...

Die Handlung

- Alfred und Else Tetzlaff sind bei Alfreds Freund Koslowski zu einer Karnevalsfeier eingeladen. Tochter Rita und Schwiegersohn Michael dürfen dabei nicht fehlen.
- Als Alfred an diesem Morgen keine frischen Brötchen aufgetischt bekommt, ist seine Laune schon fast auf dem Tiefpunkt.
- Alfred hat sich als Napoleon verkleidet.
- Eigentlich wollten sich alle zusammen nur den Rosenmontagszug ansehen, aber es kommt zu vielen Verwechslungen und Missverständnissen.
- So denkt Else zum Beispiel, Alfred habe sich als Friedrich der Große verkleidet. Sie ist auch überzeugt, dass der Nachname des französischen Präsidenten Pompidou etwas mit Madame de Pompadour zu tun habe.
- Else entdeckt außerdem die ominöse Frau Suhrbier in dem Karnevalsumzug auf der Straße. Die Karnevalsfeier nimmt feucht-fröhlich ihren Lauf ...

Kennen Sie die Serie? Haben Sie sie gerne angeschaut?

Wir wollen niemals auseinandergehn (Freundschaft)

Wir wollen niemals auseinandergehn,
wir wollen immer zueinanderstehn.
Mag auf der großen Welt auch noch so viel geschehn,
wir wollen niemals auseinandergehn.
Unsre Welt bleibt so schön,
wir wollen niemals auseinandergehn.

Sieht man die Menschen sich sehnen,
und sieht ihren Schmerz, ihre Tränen,
dann fragt man sich immer nur:
Muss das so sein?
Immer nur Scheiden und Meiden
und immer nur Warten und Leiden,
und hier so wie dort ist ein jeder allein.
Schenkt euch immer nur Liebe,
schenkt euch immer Vertrauen,
nichts ist so schön wie die Worte,
die ewigen Worte:
Mein Herz ist nur dein.

Wir wollen niemals auseinandergehn,
wir wollen immer zueinanderstehn.
Mag auf der großen Welt auch noch so viel geschehn,
wir wollen niemals auseinandergehn.
Unsre Welt bleibt so schön,
wir wollen niemals auseinandergehn.

Text: Bruno Balz, Gloria de Vos
Musik: Michael Jary
Interpretin: Heidi Brühl

Schlagergeschichte

Marita und Johann sind schon lange miteinander befreundet. Gut befreundet – schon seit über fünfzig Jahren. Die beiden sind zusammen durch dick und dünn gegangen, waren in guten und in schweren Zeiten füreinander da und haben immer Freud und Leid miteinander geteilt. Marita und Johann haben sich schon in der Schule kennengelernt. Und ziemlich schnell stand für beide fest, dass sie eine tiefe und lange Freundschaft verbinden würde ...

Wir wollen niemals auseinandergehn,
wir wollen immer zueinanderstehn.
Mag auf der großen Welt auch noch so viel geschehn,
wir wollen niemals auseinandergehn.
Unsre Welt bleibt so schön,
wir wollen niemals auseinandergehn.

Marita und Johann gingen zusammen in eine Klasse. Zu ihrem Glück waren sie auf einer Schule, in der Mädchen und Jungen zusammen unterrichtet wurden. Sonst hätten sie sich womöglich niemals kennengelernt. Die beiden wirkten von Anfang an wie zwei, die schon immer zusammen waren. Sie gingen sehr harmonisch miteinander um und zeigten viel gegenseitiges Interesse. So spielte Marita gerne mit Johann und seinen Freunden Fußball, baute mit Vorliebe Räuberhöhlen im Gebüsch und schnitzte zusammen mit Johann, als Indianer verkleidet, spitze Pfeile für die Büffeljagd. Johann ließ sich von Marita von ihren vielen bunten Murmeln begeistern. Meistens gewann er beim Murmelspiel sogar. Er mochte es auch, mit ihr zu zeichnen oder in spannenden Büchern zu schmökern. Oft lasen sie sich gegenseitig die Geschichten vor. Dabei gelang es Johann ganz besonders gut, seine Stimme zu verstellen und so den Schurken wie auch den Helden einen ganz besonderen Ausdruck zu verleihen. Natürlich kam es in ihrer Freundschaft auch vor, dass sie sich über irgendetwas stritten. Doch so ein Streit währte nie lange. Zu groß war die Freude, zusammen Zeit zu verbringen und spannende Abenteuer zu erleben. „Wir wollen niemals auseinandergehn!" – das schworen sie sich schon als Kinder. Und so sollte es sein ...

Sieht man die Menschen sich sehnen,
und sieht ihren Schmerz, ihre Tränen,
dann fragt man sich immer nur:

Muss das so sein?
Immer nur Scheiden und Meiden
und immer nur Warten und Leiden,
und hier so wie dort ist ein jeder allein.
Schenkt euch immer nur Liebe,
schenkt euch immer Vertrauen,
nichts ist so schön wie die Worte,
die ewigen Worte:
Mein Herz ist nur dein.

Wir wollen niemals auseinandergehn,
wir wollen immer zueinanderstehn.
Mag auf der großen Welt auch noch so viel geschehn,
wir wollen niemals auseinandergehn.
Unsre Welt bleibt so schön,
wir wollen niemals auseinandergehn.

Gewiss kam es auch immer mal vor, dass sie von Klassenkameraden geneckt wurden. So enge Freundschaften zwischen Jungen und Mädchen waren in ihrem Alter eher selten. Und auch später im Erwachsenenalter kam immer mal wieder die Frage auf, warum die beiden denn nicht ein Liebespaar seien. „Weil wir eben beste Freunde sind!", war meist die Antwort der beiden, „beste Freunde, die niemals auseinandergehen wollen." Nach der Schule gingen beide ihren Weg, ohne sich dabei je aus den Augen zu verlieren. Sie freuten sich gemeinsam über ihre beruflichen Erfolge, reisten in fremde Länder und trösteten sich gegenseitig, wenn die Beziehungen zu ihren Partnern zerbrachen. Schließlich fanden aber beide ihre große Liebe. Marita heiratete zuerst. Johann war ein sehr stolzer Trauzeuge, der sich zutiefst über das Glück seiner Seelenfreundin freute. Auf Maritas Hochzeit lernte er Julia kennen. Die beiden heirateten eineinhalb Jahre später. Beide Familien verband augenblicklich eine tiefe Freundschaft. Maritas und Johanns Kinder wuchsen später gemeinsam im selben Ort auf. An ihrem großen Wunsch hielten die beiden fest und schworen sich auch im Erwachsenenalter: „Wir wollen niemals auseinandergehn ..."

Wir wollen niemals auseinandergehn,
wir wollen immer zueinanderstehn.
Mag auf der großen Welt auch noch so viel geschehn,

wir wollen niemals auseinandergehn.
Unsre Welt bleibt so schön,
wir wollen niemals auseinandergehn.

Mittlerweile sind Marita und Johann schon Großeltern geworden – Großeltern von zauberhaften Enkelkindern. Ihre Reisen in bekannte und fremde Länder unternehmen sie nun zu viert – beide Ehepaare zusammen. Nach all den Jahren ist ihre Freundschaft inniger geworden als je zuvor. Marita und Johann haben so viel miteinander erlebt: glückliche Augenblicke, schwere Zeiten, traurige Momente und gute Zeiten. Sie haben seit ihrer Kindheit viele Abschiede erlebt und auch immer wieder neue Bekanntschaften geschlossen. Eines ist ihnen jedoch über all die Jahre geblieben: ihre tiefe, vertrauensvolle Freundschaft. Und auch heute schwören sie sich noch immer: „Wir wollen niemals auseinandergehn."

Aktivierungen

„Wir wollen niemals auseinandergehn" ist ein langsamer Walzer, der 1959 für Heidi Brühl komponiert wurde. Mit diesem Titel trat sie 1960 beim deutschen Vorentscheid zum Grand Prix d'Eurovison de la Chanson an, belegte jedoch nur den zweiten Platz.

Freundschaften sind lebenswichtig für uns! Unsere Freunde begleiten uns durchs Leben, geben uns in schwierigen Situationen Kraft und können uns nach Schicksalsschlägen auffangen. Man gibt einander Mut und teilt die schönen Momente des Lebens. Manche Freundschaften bestehen ein Leben lang. Manche beginnen erst im hohen Alter. Manche verändern sich mit der Zeit. Und manchmal verliert man sich auch einfach aus den Augen ...

Mögliche Einstiegsfragen

Wer war Ihre erste Freundin/Ihr erster Freund? Erinnern Sie sich an sie/ihn?
Gibt es jemandem, von dem Sie sagen würden, dass sie/er der wichtigste Mensch in Ihrem Leben ist/war?
Wodurch zeichnet sich für Sie eine gute Freundschaft aus?
Wie wichtig sind/waren Ihre Freunde für Sie?
Gibt es ein besonderes Erlebnis, das Sie mit einer guten Freundin/einem guten Freund teilen durften?

Sprichwörter und Redensarten

Wie lautet das passende Sprichwort?

Ich schenke dir ab und zu eine kleine Aufmerksamkeit, denn das erhält unsere ... *Freundschaft. (▷ Kleine Geschenke erhalten die Freundschaft.)*

Wenn man jemandem einen Teil seiner Sorgen nimmt, dann hat der derjenige nur noch halbes ...
Leid. (▷ Geteiltes Leid ist halbes Leid.)

Ergänzen Sie:
Fliegen und Freunde ... *kommen im Sommer.*

Zusammen ist man ... *stark.*

Wussten Sie eigentlich, ...

- dass jemand, mit dem man ein besonders enges, freundschaftlich-kameradschaftliches Verhältnis hat, in Süddeutschland „Spezi" genannt wird?
- dass in vielen Dialekten das Wort „Freund" auch mit „Verwandter" übersetzt werden könnte?
- dass Freundschaften meist dadurch enden, dass mindestens eine Seite immer weniger oder gar keinen Kontakt mehr zum anderen aufnimmt? Und dass Liebesbeziehungen dagegen häufig aus einem bestimmten Anlass und im direkten Gespräch enden?

Rätselfragen: Berühmte Freundschaften

In welchem Film aus dem Jahr 1930 geht es um drei Freunde und Geschäftspartner, die sich alle unabhängig voneinander, in dieselbe Frau verlieben?
a) Die drei von der Zapfsäule
b) Die drei von der Tankstelle (Lösung)
c) Die drei von der Waschanlage

Welches berühmte amerikanisch-britische Komiker-Duo drehte zwischen 1921 und 1951 über 100 Kurz- und Spielfilme?
a) Dick und Doof (Lösung)
b) Dünn und Schlau
c) Dumm und Hässlich

In dem Film „Drei Mann in einem Boot" werden die drei Freunde Harry, Jo, und Georg verkörpert von Walter Giller, Hans-Joachim Kulenkampff und welchem weiteren Schauspieler?
a) Heinz Erhardt (Lösung)
b) Peter Kraus
c) Paul Dahlke

Die Worte „Dieses war der erste Streich, doch der zweite folgt zugleich ..."stammen aus der Bubengeschichte in sieben Streichen über die kecken Knaben
a) Götz und Georg
b) Max und Moritz (Lösung)
c) Karl und Konstantin

Majestix, Troubadix und Miraculix leben in dem gleichen gallischen Dorf wie die ungleichen Freunde
a) Felix und Beatrix
b) Alex und Max
c) Asterix und Obelix (Lösung)

... den Film: „Immer die Radfahrer"?

Die deutsch-österreichische Filmkomödie nach einer Idee von Hans-Joachim Kulenkampff wurde im September 1958 uraufgeführt. Das Reiseziel der drei Freunde, Burgsteinach, ist eine fiktive Stadt. Die Dreharbeiten dafür wurden in Gmünd in Kärnten durchgeführt. In den Jahren 1960 und 1961 folgten unter anderem die Heinz-Erhardt-Filme „Der letzte Fußgänger" und „Drei Mann in einem Boot", deren Handlung und dramaturgischer Aufbau ähnlich sind ...

Wer hat mitgespielt? Heinz Erhardt, Hans-Joachim-Kulenkampff, Wolf Albach-Retty, Waltraut Haas, Mady Rahl, Peter Kraus, Christiane Hörbiger, Inge Meysel, Walter Janssen ...

Die Handlung

- Die Freunde Fritz, Ulrich und Johannes erinnern sich an eine 20 Jahre zurückliegende Fahrradtour, die sie nach ihrer Matura durch Kärnten in die Stadt Burgsteinach unternommen haben.
- Sie beschließen, diese Fahrradtour noch einmal zu machen – ohne ihre Frauen und mit so wenig Geld, wie sie vor 20 Jahren hatten.
- Die Reise verläuft nicht ohne Turbulenzen: Sie treffen ihre damaligen Liebschaften wieder, durch die ihre eheliche Treue auf die Probe gestellt wird.
- Dann schließt sich die Freundin von Fritz' Sohn ihnen an, die sich vorübergehend von ihm getrennt hat.
- Die Ehefrauen der Radfahrer reisen ihren drei Männern hinterher.
- Bei der Operetten-Premiere von „Der Vogelhändler" treffen schließlich alle Beteiligten aufeinander, und nach und nach können alle Missverständnisse ausgeräumt werden.

Kennen Sie den Film? Wie gefällt er Ihnen?

Schön ist es, auf der Welt zu sein (Freizeit)

Das Beste am ganzen Tag,
das sind die Pausen.
Das war schon immer in der Schule so.
Das Schönste im ganzen Jahr,
das sind die Ferien,
dann ist sogar auch unser Lehrer froh.
Dann kann man endlich tun und lassen, was man selber will,
dann sind wir frei, und keiner sagt mehr: Du, sei still!

Das Schönste im Leben ist die Freiheit,
denn dann sagen wir hurra!

Schön ist es auf der Welt zu sein,
wenn die Sonne scheint für Groß und Klein.
Du kannst atmen,
du kannst gehen,
dich an allem freun und alles sehn.

Schön ist es auf der Welt zu sein,
sagt die Biene zu dem Stachelschwein.
Du und ich wir stimmen ein,
schön ist es auf der Welt zu sein.

Ich liebe den dunklen Wald,
Berge und Seen
und ich schwärme für ein Eis am Stiel.
Ich möcht' mit den Wolken ziehn in ferne Länder.
Ich säß mal gern auf einem Krokodil.
Die Welt wird immer kleiner, und die Wünsche, die sind groß.
Warum, oh schau, wie schön ist auch ein Frosch im Moos.

Das Schönste im Leben ist die Freiheit,
denn dann sagen wir hurra!

Schön ist es auf der Welt zu sein,
sagt die Biene zu dem Stachelschwein.
Du und ich wir stimmen ein,
schön ist es auf der Welt zu sein.

Text: Lilibert
Musik: Werner Twardy
Interpreten: Roy Black und Anita Hegerland

Schlagergeschichte

Emmi und Heinz haben sich heute Morgen schon früh auf den Weg gemacht. Die Sonne lacht vom blauen Himmel herab, und eine leichte Brise weht ihnen um die Nase. „Herrlich!", schwärmt Heinz, während er beschwingt den Wanderweg durch die Felder entlanggeht, und holt einmal ganz tief Luft. Emmi nickt und öffnet ihre Wanderjacke. Allmählich erwärmt die Sonne die Luft, es ist längst nicht mehr so kühl wie am frühen Morgen. Die Jacke kann sie nun gut offen tragen. Nach der nächsten Linkskurve mündet der Feldweg in ein Waldstück. Die beiden kennen den Wanderweg wie ihre Westentasche, sodass sie mittlerweile gut ohne Karte zurechtkommen. Außerdem stehen an fast jeder Weggabelung Schilder, die den Wanderern den Weg weisen. Emmi und Heinz sind seit ungefähr einer Stunde unterwegs. Da es gerade einmal kurz nach neun Uhr in der Früh ist, sind sie fast allein auf den Wegen. Ein Pärchen haben sie vorhin getroffen, ansonsten sind sie die einzigen Wanderer weit und breit. Die beiden genießen diese Ruhe fernab des Alltags sehr. Keine Arbeit, keine Verpflichtungen, keine Termine – nur Emmi, Heinz, die Bäume, weite Felder und zwischendurch mal das Klopfen eines Spechts oder ein flinkes Eichhörnchen, das an ihnen vorbeihuscht ...

Das Beste am ganzen Tag,
das sind die Pausen.
Das war schon immer in der Schule so.
Das Schönste im ganzen Jahr,
das sind die Ferien,
dann ist sogar auch unser Lehrer froh.
Dann kann man endlich tun und lassen, was man selber will,
dann sind wir frei, und keiner sagt mehr: Du, sei still!

Das Schönste im Leben ist die Freiheit,
denn dann sagen wir hurra!

Schön ist es auf der Welt zu sein,
wenn die Sonne scheint für Groß und Klein.
Du kannst atmen,
du kannst gehen,
dich an allem freun und alles sehn.

Schön ist es auf der Welt zu sein,
sagt die Biene zu dem Stachelschwein.
Du und ich wir stimmen ein,
schön ist es auf der Welt zu sein.

Emmi freut sich immer sehr, wenn sie im Wald auf ein Eichhörnchen trifft. Sie nimmt stets ein paar Nüsschen mit, mit denen sie den kleinen Tierchen eine Freude machen möchte. Emmi ist ganz und gar verliebt in die wachsamen dunkelbraunen Augen, das rotbraune Fell und den buschigen Schwanz der flinken Eichhörnchen. Und so lässt sie es sich nicht nehmen, die Bäume, Büsche und Wege immer ganz genau zu beobachten. Zu gern würde sie einem Eichhörnchen dabei zusehen, wie es seine Nüsse sammelt und sie in sein Versteck bringt. Heinz hingegen ist auf den gemeinsamen Wanderungen nicht so erpicht darauf, möglichst viele Tiere zu beobachten. Er genießt vielmehr die die frische Luft, die kräftigen Farben und die Stille um sich herum. Wochentags im Büro ist das ganz anders: Dort redet immer jemand, die Telefone klingeln, und das Klappern der Schreibmaschinen begleiten ihn über den Tag. Hier in Wald und Flur ist von alledem nichts zu hören. Am Rande einer wunderschönen Lichtung machen Elli und er eine Pause. Die Bank, auf der sie ihre Rast machen, kennen sie jetzt schon seit über zehn Jahren. Elli hat ein leckeres Picknick vorbereitet. Im Schatten einer großen Eiche genießen sie nun belegte Brote und starken Kaffee, den sie in einer Thermoskanne mitgebracht haben. Außerdem gibt es heute Äpfel aus dem eigenen Garten und Kartoffelsalat mit Würstchen. Der Kartoffelsalat ist von gestern übrig geblieben, schmeckt aber noch tadellos. Und da Heinz sowieso immer sagt, Emmis Kartoffelsalat schmecke ihm am nächsten Tag noch viel besser, hat sie den Rest kurzerhand in eine Dose gefüllt und in den Rucksack gepackt. Zufrieden stärken sie sich und beobachten in aller Ruhe, wie die kleinen weißen Wolken am Himmel langsam über sie hinwegziehen ...

Ich liebe den dunklen Wald,
Berge und Seen

und ich schwärme für ein Eis am Stiel.
Ich möcht' mit den Wolken ziehn in ferne Länder.
Ich säß mal gern auf einem Krokodil.
Die Welt wird immer kleiner, und die Wünsche, die sind groß.
Warum, oh schau, wie schön ist auch ein Frosch im Moos.

Das Schönste im Leben ist die Freiheit,
denn dann sagen wir hurra!

Schön ist es auf der Welt zu sein,
sagt die Biene zu dem Stachelschwein.
Du und ich wir stimmen ein,
schön ist es auf der Welt zu sein.

„Sollen wir weitergehen?", fragt Emmi ihren Mann, nachdem dieser seinen letzten Schluck Kaffee ausgetrunken hat. Heinz stellt seinen Kaffeebecher an die Seite und schaut auf die Uhr, es ist kurz nach zwölf: „Ja, dann schaffen wir heute vielleicht noch den großen Rundweg. Oder was meinst du?" Emmi schaut gen Himmel und blinzelt in der Sonne. Sie nickt: „Das Wetter meint es gut mit uns, das sollten wir ausnutzen!" Und schon packt sie alles zusammen. Heinz bindet sich derweil seine Jacke um die Hüften und beobachtet die Lichtung. Ganz in der Ferne sieht er immer wieder die Spitzen zweier Hasenohren aufblitzen, der Hase scheint auf Futtersuche zu sein. Er beobachtet ihn eine kurze Zeit, dann hilft er Emmi beim Packen. Als sie alles wieder im Rucksack verstaut haben, ziehen sie weiter. Und dann, im nächsten Waldstück, begegnet Emmi auch endlich den von ihr herbeigesehnten Eichhörnchen. Als sie das erste über einen Ast flitzen sieht, bleibt sie wie angewurzelt stehen. Auch Heinz versucht, sich so wenig wie möglich zu bewegen, um die Tiere nicht zu verschrecken. Es scheint eine Familie zu sein, denn nach kurzer Zeit tauchen noch drei andere auf. Ganz aufmerksam beobachten sie die flinken Tiere, die sich auf den Bäumen gekonnt von oben nach unten und von rechts nach links bewegen. Als sie weiterziehen, lässt Emmi den Eichhörnchen noch ein paar Nüsse da. „Für später", sagt sie mit einem Augenzwinkern, und beide gehen zufrieden weiter ...

Aktivierungen

In der Freizeit erholen wir uns von der Arbeit. Wir gehen unseren Hobbys nach, kümmern uns um Haushalt und Garten oder unternehmen etwas mit Freunden oder der Familie. Wie jeder Einzelne seine Freizeit verbringt und mit wem, das ist ganz unterschiedlich ...

Mögliche Einstiegsfragen
Wie haben Sie immer am liebsten Ihre Freizeit verbracht?
Haben Sie bestimmte Hobbys, denen Sie nachgehen? (Stricken, Gartenarbeit, Singen, Wandern ...)
Was tun Sie gern am Wochenende?
Haben sich Ihre Freizeitbeschäftigungen im Laufe der Zeit verändert? Was ist heute anders als früher?

Sprichwörter und Redensarten

Ergänzen Sie folgende Sprichwörter und Redewendungen über das Wandern:

Auch der längste Marsch ... *beginnt mit dem ersten Schritt.*
Der Weg ist ... *das Ziel.*
Wer recht in Freuden wandern will, ... *der geh der Sonn' entgegen.*
Der Berg ... *ruft.*

Wussten Sie eigentlich, ...

- dass das Recht auf Freizeit in der allgemeinen Erklärung der Menschenrechte festgeschrieben ist? (Artikel 24)
- dass das Wort „Freizeit" im Jahr 1929 das erste Mal im Rechtschreibduden stand? Dort wurde die Freizeit umschrieben als Zeit, in der man nicht zu arbeiten braucht, keine besonderen Verpflichtungen hat und die man sich für Hobbys und Erholung einteilen kann.

Erinnern Sie sich an ...

... diese Unterhaltungsshows im deutschen Fernsehen?

Unterhaltungsshows erfreuten sich in den 50er- und 60er-Jahren immer größerer Beliebtheit. Somit nahm auch das Fernsehen einen immer höheren Stellenwert in der Gestaltung des Freizeit- und Familienlebens ein.

Oft versammelte sich die ganze Familie, um fleißig mitzuraten oder sich die Auftritte der Künstlerinnen und Künstler, insbesondere der Schlagersänger, anzuschauen. Am nächsten Tag unterhielt man sich im Büro, auf dem Schulhof oder an der Wursttheke angeregt über das, was am Abend zuvor im Fernsehen dargeboten wurde.

Unterhaltungssendung und ihr Moderator	**Ausstrahlung**	**Kurzbeschreibung**
Was bin ich? Robert Lembke	1955 – 1958 und 1961 – 1989	Ein heiteres Berufe-Raten mit Kandidaten, die seltene Tätigkeiten ausübten. Berühmt waren die „typische Handbewegung" und die Fünf-Mark-Stücke, die bei einer „Nein"-Antwort des Kandidaten in das ausgesuchte „Schweinderl" hineingeworfen wurden. Ein prominentes Team versuchte, die Berufe zu erraten.
Der goldene Schuss Lou van Burg, später Vicco Torriani	1964 – 1970	Dies war nicht nur die erste in Farbe ausgestrahlte Fernsehshow Deutschlands, sondern auch die erste interaktive Fernsehshow Europas. Die Sendung beruhte auf der Apfelschuss-Szene aus „Wilhelm Tell". Das Besondere war, dass die Zuschauer zu Hause mitspielen konnten, indem sie per Telefon einen an einer Kamera angebrachten Armbrust-Pfeil dirigierten. Jede Show stand unter einem besonderen Motto und hatte einen prominenten Gast.

Unterhaltungssendung und ihr Moderator	**Ausstrahlung**	**Kurzbeschreibung**
Einer wird gewinnen Hans-Joachim Kulenkampff	1964 – 1969 und 1979 – 1987	Quizsendung mit acht Kandidaten aus verschiedenen europäischen Ländern, die paarweise gegeneinander antraten. In mehreren Runden wurden humorvolle Einspieler gezeigt, wurde geraten, die Geschicklichkeit der Mitspieler getestet und das Allgemeinwissen geprüft. Während des Umbaus der aufwändigen Kulissen traten berühmte Musiker auf. Die Sendung begann stets mit einer humoristischen Ansage Kulenkampffs und endete mit einem Sketch.
Dalli Dalli Hans Rosenthal	1971 – 1986	Diese Show bestand aus einer Mischung aus Rate- und Aktionsspielen, bei dem acht Kandidaten in Zweierteams gegeneinander antraten. Ab 1975 kam „Dalli-Klick" zu den Spielen hinzu, wobei ein unbekanntes Bild nach und nach aufgedeckt wurde und schnellstmöglich erkannt werden musste. Aus der Sendung ist besonders Hans Rosenthals Ausruf bekannt: „Sie sind der Meinung, das war ..." Das Publikum antwortete mit „Spitze!", wobei Rosenthal in die Luft sprang. Eine ausgewählte Jury bewertete die Leistungen der Kandidaten.
Musik ist Trumpf Peter Frankenfeld	1975 – 1979	Eine festliche Samstagsabendsendung mit Sketcheinlagen, erlesenen musikalischen Darbietungen und der Möglichkeit, mithilfe der Einsendung von Postkarten die Auswahl der Musiktitel mitzubestimmen. Unter den Einsendern wurde ein Fernsehgerät ausgelost. Der Titelsong „Musik ist Trumpf" wurde vom Hazy Osterwald Sextett gesungen und stammt ursprünglich aus dem gleichnamigen Film.

Kennen Sie die Sendungen? Wie haben sie Ihnen gefallen? Welche Sendung haben Sie am liebsten geschaut?

Die Gedanken sind frei (Märchen)

Die Gedanken sind frei,
wer kann sie erraten,
sie fliehen vorbei
wie nächtliche Schatten.
Kein Mensch kann sie wissen,
kein Jäger erschießen.
Es bleibet dabei:
Die Gedanken sind frei.

Ich denke, was ich will
und was mich beglücket,
doch alles in der Still
und wie es sich schicket.
Mein Wunsch und Begehren
kann niemand verwehren,
es bleibet dabei:
Die Gedanken sind frei.

Ich liebe den Wein,
mein Mädchen vor allen,
sie tut mir allein
am besten gefallen.
Ich bin nicht alleine
bei meinem Glas Weine,
mein Mädchen dabei:
Die Gedanken sind frei.

Und sperrt man mich ein
im finsteren Kerker,
das alles sind rein
vergebliche Werke;
denn meine Gedanken
zerreißen die Schranken

und Mauern entzwei:
Die Gedanken sind frei.

Drum will ich auf immer
den Sorgen entsagen
und will mich auch nimmer
mit Grillen mehr plagen.
Man kann ja im Herzen
stets lachen und scherzen
und denken dabei:
Die Gedanken sind frei.

Text: Hoffmann von Fallersleben
Musik: Ernst Heinrich Leopold Richter
Volksweise

Schlagergeschichte

Adelheid ist Großmutter durch und durch. Seit sie vor ein paar Jahren erfuhr, dass sie das erste Mal Oma werden würde, ist sie der glücklichste Mensch der Welt. Die kleine Julia hat ihr Leben wirklich bereichert. Adelheid fühlt sich so gut wie schon lange nicht mehr. Und auch Julia verbringt gerne viel Zeit bei ihren Großeltern. Abends vor dem Einschlafen erzählt Adelheid ihrer kleinen Julia immer ein Märchen. Denn Adelheid ist es sehr wichtig, ihrer Enkelin die Märchen mitzugeben, die sie schon als Kind von ihrer Großmutter gehört hat. Sie wünscht sich sehr, dass Julia ihre blühende Fantasie so lange wie möglich behält, dass sie immer frei denken und handeln darf und dass sie ihr großes Glück finden wird. Auch wenn Adelheid selbst dies in ihrer Kindheit manchmal verwehrt wurde – in den Märchen, die ihr die Oma erzählte, durfte sie ganz Kind sein. In einer Welt voller Zauber und Schönheiten, in der meistens das Gute siegte ...

Die Gedanken sind frei,
wer kann sie erraten,
sie fliehen vorbei
wie nächtliche Schatten.
Kein Mensch kann sie wissen,
kein Jäger erschießen.
Es bleibet dabei:
Die Gedanken sind frei.

So auch in dem Märchen, in dem das Mädchen mit der roten Kappe sich aufmacht, um seiner kranken Großmutter Kuchen und Wein zu bringen. Nach einiger Zeit trifft sie auf einen Wolf, der ihr wunderschöne Blumen etwas abseits des Weges zeigt. Da das Mädchen seiner Großmutter etwas Gutes tun möchte, pflückt es einen hübschen Strauß und setzt erst danach ihren Weg fort. In der Zwischenzeit hat der Wolf die kranke Großmutter verschluckt und sich in ihr Bett gelegt. Und weil das unbedarfte Mädchen sich seiner vermeintlichen Großmutter zu sehr nähert, verschluckt der Wolf das junge Ding auch noch. Die beiden wären fast verloren gewesen, wenn nicht der Jäger vorbeigekommen wäre und sie gerettet hätte. Am Ende fällt der Wolf in den Brunnen. Die Steine, die der Jäger in seinen Bauch eingenäht hatte, waren einfach zu schwer ...

Ich denke, was ich will
und was mich beglücket,
doch alles in der Still
und wie es sich schicket.
Mein Wunsch und Begehren
kann niemand verwehren,
es bleibet dabei:
Die Gedanken sind frei.

In Adelheids Lieblingsmärchen wird die wunderschöne Prinzessin nach einem hundertjährigen Schlaf von einem Prinzen geweckt. Sie war als kleines Baby von einer weisen Frau zum Tode verdammt worden. Und das kam so: Der Vater war so glücklich über die Geburt seiner wunderschönen Tochter, dass er ein großes Fest feiern wollte. Neben der Familie und Freunden waren auch die weisen Frauen des Landes geladen. Da er aber nur zwölf Teller hatte, obwohl es dreizehn weise Frauen waren, musste eine zu Hause bleiben. Diese legte einen Fluch über das Mädchen. In ihrem fünfzehnten Lebensjahr sollte sie sich an einer Spindel stechen und daran sterben. Diesen Fluch konnte eine andere weise Frau abmildern: Sie machte daraus einen hundertjährigen Schlaf. Es kam, wie es kommen musste. Obwohl der König alle Spindeln in seinem Königreich verbannte, stach sich seine Tochter an ihrem fünfzehnten Geburtstag an einer vergessenen Spindel und schlief ein. Mit ihr der ganze Hofstaat. Um das Schloss wuchs eine Dornenhecke. Erst hundert Jahre später wurde die Prinzessin durch den Kuss eines jungen Königssohns wiedererweckt. Sie feierten Hochzeit und lebten fortan glücklich und zufrieden zusammen ...

Ich liebe den Wein,
mein Mädchen vor allen,
sie tut mir allein
am besten gefallen.
Ich bin nicht alleine
bei meinem Glas Weine,
mein Mädchen dabei:
Die Gedanken sind frei.

In einem weiteren Märchen, das Adelheid ihrer kleinen Julia gerne erzählt, geht es um eine kluge junge Frau, die es mit Geschick und einem kleinen bisschen Glück schafft, sich aus einer schier ausweglosen und gefährlichen Lage zu befreien. Die junge Frau ist Köchin und soll für ihren Herrn und dessen Gast zwei Hühner zubereiten. Als der Gast lange Zeit auf sich warten lässt und auch von ihrem Herrn keine Spur zu sehen ist, probiert sie den Flügel des ersten Huhns und trinkt einen Schluck Wein dazu. Am Ende hat sie beide Hühner aufgegessen und auch einige Schluck Wein probiert. Als der Gast doch noch auftaucht, fasst sie schnell einen klugen Plan. Sie sagt dem Gast an der Tür, er solle fortlaufen, da ihr Herr nichts Gutes mit ihm vorhabe. Diesem erzählt sie wiederum, der Gast habe die beiden Hühner gestohlen. So kommt es, dass ihr Herr hinter seinem Gast herläuft, um wenigstens noch ein Huhn abzubekommen. Der Gast fürchtet jedoch um sein Leben und rennt, was das Zeug hält. Auch wenn die Köchin selbst etwas genommen hat, das ihr nicht zusteht, hat sie durch ihre Klugheit einen Ausweg aus der Misere gefunden, ohne jemandem wirklich zu schaden ...

Und sperrt man mich ein
im finsteren Kerker,
das alles sind rein
vergebliche Werke;
denn meine Gedanken
zerreißen die Schranken
und Mauern entzwei:
Die Gedanken sind frei.

Eines Abends erzählt Adelheid das Märchen von dem Mädchen, das in einem hohen, finsteren Turm eingesperrt war, und dies nur, weil ihre Mutter vor ihrer Geburt Appetit auf eine besondere Salatsorte hatte und in den Garten einer Zauberin eindrang. Das Mädchen war lange einsam. Bis – ja, bis eines Tages ein Prinz es schaffte, sie in ihrem Turm zu besuchen, indem er sich an ihren langen Haaren zu ihr hinaufziehen ließ. Als die Zauberin, die das Mädchen dort gefangen hielt, Wind davon bekam, schnitt sie ihr die langen Haare ab und verbannte sie in die Wüste. Der Königssohn war so traurig über den Verlust seiner Liebsten, dass er sich in eine Hecke stürzte und dabei sein Augenlicht verlor. Erst als die beiden sich nach Jahren wiedertrafen und ihre Tränen seine Augen benetzten, konnte er wieder sehen. Die junge Frau hatte in der Zwischenzeit Zwillinge zur Welt gebracht, ein Mädchen und einen Jungen. Zu viert gingen sie in sein Königreich und lebten dort glücklich bis an ihr Lebensende ...

Drum will ich auf immer
den Sorgen entsagen
und will mich auch nimmer
mit Grillen mehr plagen.
Man kann ja im Herzen
stets lachen und scherzen
und denken dabei:
Die Gedanken sind frei.

In dem Märchen, das Adelheid ihrer Enkelin Julia erst gestern erzählte, geht es um eine schöne Prinzessin, die ihre goldene Kugel in einem Brunnen verloren hatte. Ein freundlicher Frosch half ihr, die Kugel wieder hinaufzuholen. Er verlangte dafür allerdings, von ihrem goldenen Teller zu essen, aus ihrem Becher zu trinken und in ihrem Bett zu schlafen. Das Mädchen merkte zu spät, dass sie dem Frosch diese drei Wünsche gar nicht erfüllen wollte. Ihr Vater bestand allerdings darauf, dass sie Wort hielt. So kam es, dass sie den Frosch in ihrem Zorn an die Wand warf. In diesem Moment verwandelte sich der Frosch in einen schönen Königssohn. Dieser war von einer Hexe verwunschen worden und konnte nur mithilfe der Prinzessin wieder zurückverwandelt werden. Neben dem hübschen Prinzenpaar freute sich noch jemand sehr über die Erlösung des Königssohns, nämlich dessen Diener. Dieser hatte in seiner Trauer drei eiserne Bänder um sein Herz gelegt, damit es nicht zersprang. Die drei fuhren zurück in das Königreich des Prinzen, wo dieser seine Prinzessin heiratete. Und wenn sie nicht gestorben sind ...

Aktivierungen

Haben Sie die Märchen aus der Geschichte erkannt? *(Lösung: Rotkäppchen, Dornröschen, Die kluge Gretel, Rapunzel, Der Froschkönig.)*
Welches davon mögen Sie am liebsten?

Märchen begleiten uns von unserer Kindheit an durch unser Leben. Sie lehren uns auf ihre Weise, dass es Gutes und Böses im Leben gibt – vor allem aber, dass das Böse besiegt werden und das Gute gewinnen kann. Ein jeder kennt bestimmt ein Märchen, das er besonders gerne mag. Vielleicht auch eins, das er nicht so sehr liebt. Das wirklich Schöne an Märchen ist, dass man sie sowohl als Kind als auch als Erwachsener lesen – und verstehen kann. Beides auf eine einzigartige Art und Weise ...

Mögliche Einstiegsfragen
Hören Sie gerne Märchen? Welches ist Ihr Lieblingsmärchen?
Wissen Sie noch, welches das erste Märchen war, das Sie als Kind kennen lernten?
Welche Märchen erzählen Sie am liebsten weiter?
Gibt es eine Märchenfigur, die Sie gern für einen Tag lang sein würden?
Wie haben sich Ihre Gedanken bezüglich der Märchen im Laufe Ihres Lebens verändert?

Wussten Sie eigentlich, ...

- dass das Wort Märchen (=maere) aus dem Mittelhochdeutschen kommt und „Nachricht" bzw. „Kunde" bedeutet?
- dass Märchen erst im 17. Jahrhundert zur Kinderliteratur wurden und dass durch die Hausmärchen der Gebrüder Grimm eine ganz neue Märchen-Epoche entstand? (Vorher richteten sich die Märchen-Erzählungen eher an erwachsene Zuhörer.)
- dass die Helden in Märchen oft die „schwächeren" Personen der Handlung sind?
- dass das Gute in Märchen oft reich beschenkt, das Böse aber extrem bestraft wird?

Wortspiele. Aus welchem Märchen stammt dieser Spruch?

▷ Lesen Sie die Märchensprüche vor, und bitten Sie die Senioren zu raten, aus welchen Märchen sie stammen. Vielleicht wissen einige der Teilnehmenden auch noch, welche Märchenfigur die Worte gesagt hat ...

- Ich bin so satt, ich mag kein Blatt *(Lösung: Tischlein, deck dich)*
- Spieglein, Spieglein, an der Wand, wer ist die Schönste im ganzen Land? *(Lösung: Schneewittchen)*
- Die Guten ins Töpfchen, die Schlechten in Kröpfchen *(Lösung: Aschenputtel)*
- Knusper, knusper, knäuschen, wer knuspert an meinem Häuschen? *(Lösung: Hänsel und Gretel)*
- Bäumchen, rüttel dich, Bäumchen schüttel dich, wirf Gold und Silber über mich! *(Lösung: Frau Holle)*
- Etwas Besseres als den Tod finden wir überall. *(Lösung: Die Bremer Stadtmusikanten)*
- Wer hat von meinem Tellerchen gegessen? Wer hat aus meinem Becherchen getrunken? *(Lösung: Schneewittchen)*
- Heute back ich, morgen brat ich, übermorgen hol ich mir der Königin ihr Kind. *(Lösung: Rumpelstilzchen)*
- Heinrich, der Wagen bricht! *(Lösung: Der Froschkönig)*
- Aber Großmutter, was hast du für große Augen? *(Lösung: Rotkäppchen)*

Erinnern Sie sich an ...

... das Märchen: „Aschenputtel"?

Die Geschichte verlief so:

- Als Aschenputtels Mutter im Sterben liegt, bittet sie ihre Tochter, einen Baum auf ihr Grab zu pflanzen.
- Immer, wenn Aschenputtel sich etwas wünsche, solle sie daran rütteln, und ihr Wunsch würde erfüllt werden.
- Als der Vater nach kurzer Zeit wieder heiratet, beginnt für Aschenputtel eine schwere Zeit: Sie wird sowohl von der Stiefmutter als auch von den beiden Stiefschwestern zu schwerer Arbeit verpflichtet.
- Da sie vor dem Herd in der Asche schlafen muss, wird sie Aschenputtel genannt.

- Eines Tages gibt der König einen großen Ball, der drei Tage dauern soll.
- Am ersten Abend muss Aschenputtel ihre Stiefschwestern für den Ball zurechtmachen, darf aber selbst nicht mitkommen, sondern erhält die Aufgabe, Linsen zu verlesen.
- Sie bekommt Hilfe von den Tauben und kann so ihren Schwestern vom Taubenschlag aus beim Tanzen zusehen.
- Am zweiten Abend soll Aschenputtel wieder zu Hause bleiben, diesmal mit der Aufgabe, Wicken auszulesen.
- Erneut nehmen ihr die Tauben die Aufgabe ab. Aschenputtel rüttelt an dem Baum auf dem Grab ihrer Mutter und bekommt die schönsten Kleider für den Ball.
- Mit einer Kutsche wird sie zum Schloss gefahren und tanzt an diesem Abend mit dem Prinzen – sie verlässt den Saal aber um Mitternacht.
- Am nächsten Abend geschieht das Gleiche, allerdings lässt der verliebte Prinz die Treppenstufen zum Schloss mit Pech bestreichen, sodass sie nicht so schnell fortlaufen kann.
- Aschenputtel verlässt den Saal wieder um Mitternacht, ein Schuh bleibt jedoch zurück.
- Der Prinz lässt verlauten, dass die Frau, der dieser Schuh passe, seine Gemahlin werden solle.
- Die Stiefschwestern versuchen, ihre Füße in den Schuh hineinzuzwängen, doch selbst durch das Abhacken der Ferse oder des großen Zehs schaffen sie es nicht, den Prinzen hinters Licht zu führen. Der Schwindel fällt jedes Mal durch die Tauben auf: „Ruckedigu, ruckedigu, Blut ist im Schuh …"
- Zum Schluss siegt das Gute. Aschenputtel wird als die Richtige erkannt und von dem Prinzen zur Gemahlin genommen.
- Und wenn sie nicht gestorben sind …

Hören/Lesen/Erzählen Sie das Märchen gerne?

In einer kleinen Konditorei (Backen)

In einer kleinen Konditorei, da saßen wir zwei
bei Kuchen und Tee.
Du sprachst kein Wort, kein einziges Wort und wusstest sofort,
dass ich dich versteh.
Und das elektrische Klavier, das klimpert leise
eine Weise von Liebesleid und Weh!
Und in der kleinen Konditorei, da saßen wir zwei
bei Kuchen und Tee.

Wenn unser Herz für ein geliebtes Wesen schlägt,
wenn man ein liebes Bild in seinem Herzen trägt,
dann meidet gern man all den Lärm,
den lauten Trubel, das Licht,
die jubelnde Welt, die liebt man dann nicht.
Und ist das Herz vor lauter Liebessehnsucht krank,
sucht es im Dunkeln sich still eine Bank.
Denn in der Dämmerung Schein
sitzt man so einsam zu zwein
in einem Eckchen glücklich allein.

In einer kleinen Konditorei, da saßen wir zwei
bei Kuchen und Tee.
Du sprachst kein Wort, kein einziges Wort und wusstest sofort,
dass ich dich versteh.
Und das elektrische Klavier, das klimpert leise
eine Weise von Liebesleid und Weh!
Und in der kleinen Konditorei, da saßen wir zwei
bei Kuchen und Tee.

Und in der kleinen Konditorei, da saßen wir zwei
bei Kuchen und Tee.

Text: Ernst Neubach
Musik: Fred Raymond
Bekannter Interpret: Vico Torriani

Schlagergeschichte

Franz ist seit Jahren Stammgast in der kleinen Konditorei unten im Dorf. Schon als Kind ist er gerne dorthin gegangen. Geld hatte er früher nicht, aber er hat sich die Auslagen mit den verschiedenen Kuchen, Torten und Plätzchen angesehen. Außerdem durfte er dort oft helfen – zuerst Elfie, der Bedienung im Gastraum, und später auch in der Backstube. Franz liebte den Duft von frisch gebackenen Tortenböden. Und den Geschmack der vielen Cremes und Glasuren. Ja – er durfte ab und an naschen. Für den kleinen Franz war das eine große Freude und etwas ganz Besonderes. Zu Hause gab es schließlich nichts Süßes. Ludger, der Konditor, machte ihm gerne diese kleine Freude. Schließlich war ihm Franz wirklich eine sehr große und stets angenehme Hilfe. Heute kommt Franz mehrmals in der Woche in die Konditorei, die in den vielen Jahren so etwas wie sein zweites Zuhause geworden ist. Er trinkt dort in Ruhe seinen Kaffee, erzählt Elfie von seinem Arbeitstag und erledigt manchmal noch ein paar Aufgaben, die im Büro liegen geblieben sind.

Letzte Woche aber, als er mal wieder in der kleinen Konditorei saß, war auf einmal etwas anders …

In einer kleinen Konditorei, da saßen wir zwei
bei Kuchen und Tee.
Du sprachst kein Wort, kein einziges Wort und wusstest sofort,
dass ich dich versteh.
Und das elektrische Klavier, das klimpert leise
eine Weise von Liebesleid und Weh!
Und in der kleinen Konditorei, da saßen wir zwei
bei Kuchen und Tee.

Zuerst wusste Franz nicht, was anders war. Es war nur ein Gefühl. Er war gerade dabei, ein paar Briefe zu unterschreiben, als er plötzlich spürte, dass er beobachtet wurde. Hinten in der Ecke saß eine junge Frau. Allein. Sie nippte an einer Tasse Tee und schaute immer wieder zu Franz herüber. Das Stück Kuchen, das vor ihr stand, schien sie vergessen zu haben, sie hatte es nicht angerührt. Franz war zunächst etwas unsicher, er war es nicht gewohnt, derartig angeschaut zu werden. Mit der Zeit wurde aus der Unsicherheit aber Neugierde. Plötzlich wurden die Unterschriften zur Nebensache, und er musste immer wieder zu der jungen Frau hinübersehen. Immer öfter trafen sich ihre Blicke, und Franz war wie verzaubert. Es war ein Gefühl, das er lange nicht mehr gespürt hatte. Schließlich verließ die Frau die Konditorei, und Franz beschäftigte sich wieder mit seinen Unterschriften. Doch obwohl er sie weder gekannt noch ein Wort mit ihr gesprochen hatte, fehlte sie ihm. Und er fühlte sich auf einmal sehr allein ...

Wenn unser Herz für ein geliebtes Wesen schlägt,
wenn man ein liebes Bild in seinem Herzen trägt,
dann meidet gern man all den Lärm,
den lauten Trubel, das Licht,
die jubelnde Welt, die liebt man dann nicht.
Und ist das Herz vor lauter Liebessehnsucht krank,
sucht es im Dunkeln sich still eine Bank.
Denn in der Dämmerung Schein
sitzt man so einsam zu zwein
in einem Eckchen glücklich allein.

Die Tage vergingen. Franz ging nun täglich in die kleine Konditorei und erledigte einen großen Teil seiner Arbeit dort. Er hatte die Hoffnung, die junge Frau noch einmal wiederzusehen. Und tatsächlich, eines Tages war sie dort. Genau an dem Platz, an dem er sie zuvor gesehen hatte. Wieder schauten sie einander oft in die Augen. Aber wieder war Franz unsicher, ob er sie ansprechen sollte oder nicht. Er wusste auch gar nicht, ob er so etwas überhaupt noch konnte – eine Frau ansprechen. Seine letzte Beziehung war schon so lange her ... Elfie, die Bedienung, hatte ziemlich schnell verstanden, was zwischen den beiden vor sich ging. Sie musste die ganze Zeit über die beiden Turteltauben – die ja eigentlich noch keine waren – schmunzeln. Sie behielt es aber für sich. Elfie war sich sicher, dass die beiden irgendwann zueinanderfinden würden. Und das taten sie auch. Franz fasste sich schließlich ein Herz und ging zu der jungen Frau hinüber. Lisa hieß sie. Gemeinsam, fast wortlos, tranken Sie Tee und Kaffee und aßen ein Stück Kuchen. Und trotz der wenigen Worte, oder gerade deswegen, fühlte sich beide sehr, sehr wohl miteinander ...

In einer kleinen Konditorei, da saßen wir zwei
bei Kuchen und Tee.
Du sprachst kein Wort, kein einziges Wort und wusstest sofort,
dass Ich dich versteh.

Und das elektrische Klavier, das klimpert leise
eine Weise von Liebesleid und Weh!
Und in der kleinen Konditorei, da saßen wir zwei
bei Kuchen und Tee.
Und in der kleinen Konditorei, da saßen wir zwei
bei Kuchen und Tee.

Heute treffen die zwei sich wieder in der kleinen Konditorei. Franz kann es kaum erwarten, Lisa wiederzusehen. Er genießt es sehr, in ihrer Nähe zu sein. Nur zu zweit, bei Kuchen und Tee ...

Aktivierungen

Erinnern Sie sich, wie es riecht, wenn Sie in eine Bäckerei hineinkommen? Erinnern Sie sich auch an den Duft von frisch gebackenen Waffeln? Wissen Sie noch, wie gut es riecht, wenn man einen Kuchen im Backofen hat? Bestimmte Düfte merken wir uns ein Leben lang. Viele bekannte Gerüche rufen sofort Bilder in uns hervor, die uns an bestimmte Situationen erinnern. Beim Backen sind diese Düfte sehr prägnant. Wie gut schmeckt ein frisch gebackenes Brot! Oder ein warmer Kuchen mit Butterstreuseln ...

Mögliche Einstiegsfragen
Haben Sie früher Mutter gebacken? An welche Backwaren erinnern Sie sich?
Wie wurde früher gebacken?
Wissen Sie noch, wie teuer ein Brot oder ein Brötchen beim Bäcker waren?
Wie oft gab es früher frische Brötchen vom Bäcker in Ihrer Familie?
Backen Sie gerne?/Haben Sie gern gebacken?
Welches sind Ihre liebsten Backrezepte? Haben Sie noch Rezepte Ihrer Mutter?

Sprichwörter, Sprüche und Redensarten

Welche Wörter fehlen in den Sprüchen? Ergänzen Sie ...

- *... und ... gerät nicht allzeit wohl. (Lösung: Backen, Brauen)*
- *Heute ... ich, morgen brau' ich, ... hol ich der ... ihr Kind. (Lösung: back, übermorgen, Königin)*

- *Trocken ... macht ... rot.(Lösung: Brot, Wangen)*
- *etwas gebacken ... (Lösung: kriegen/bekommen)*
- *In der ... schmeckt die Wurst ... ohne ... (Lösung: Not, auch, Brot)*
- *Wer nie sein ... im ... aß, weiß nicht, wie Krümel ... (Lösung: Brot, Bette, piken)*
- Der ... lebt nicht vom ... allein. *(Lösung: Mensch, Brot)*

Wie geht es weiter?

Backe, backe Kuchen,
Der Bäcker ...

... hat gerufen.
Wer will guten Kuchen backen,
der muss haben sieben Sachen:
Eier und Schmalz,
Zucker und Salz,
Milch und Mehl,
Safran macht den Kuchen gehl!
Schieb, schieb in den Ofen rein.

Wussten Sie eigentlich, ...

- dass Backwaren in vier Untergruppen eingeteilt werden? Brot; Kleingebäck (Backwaren aus Brotteig bis 250 g, z. B. Laugenbrezel und Brötchen); Dauerbackwaren (länger haltbar gemachte Backwaren, enthalten weniger Feuchtigkeit, z. B. Zwieback, Kekse, Salzgebäck, Lebkuchen); und Feingebäck (Gebäck mit einem höheren Zucker- und Fettgehalt, z. B. Waffeln und Kuchen).
- dass sich eine Bäckerei nur so nennen darf, wenn ein ausgebildeter Bäckermeister die Produktion überwacht und wenn der Betrieb in der „Handwerksrolle" eingetragen ist (Verzeichnis zulassungspflichtiger Handwerksbetriebe)?
- dass der Beruf des Bäckers im deutschsprachigen Raum seit der Zeit Karls des Großen bekannt ist (768–814)? Im 10. Jahrhundert wurde daraus ein eigener Berufsstand; die Bäcker backten damals in den Backhäusern der Städte.

Erinnern Sie sich an …

… den Film: „In einer kleinen Konditorei“?

Das Drama wurde 1929 als Stummfilm gedreht. Einige Sequenzen wurden im Nachhinein synchronisiert.

Wer hat mitgespielt? Marion Gerth, Jacques Catelain, Valerie Boothby …

Die Handlung

- Suzette ist Kellnerin in einem Kaffeehaus, André ist Kaffeehausgeiger.
- Die beiden sind ein glückliches junges Paar.
- Suzette gerät in die Hände von Madame Langiere, die sie in einem zwielichtigen Salon für sich arbeiten lässt.
- Bei dem Versuch, seine Suzette zu befreien, verfällt André selbst der skrupellosen Madame.
- André wird am Ende doch bewusst, was Suzette ihm bedeutet. Gemeinsam gehen die zwei nach Nizza, wo ihm ein Posten als Kapellmeister angeboten wurde.

Kennen Sie den Film? Mögen Sie den Film?

Wahrnehmungsübung Brot

Bieten Sie den Senioren in einer kleinen Gruppe verschiedene Brotsorten zum Probieren an. Lassen Sie die Senioren erzählen, wie ihnen die Brote schmecken, ob sie gut zu essen sind (oder zu hart sind, zerkrümeln …). Bieten Sie an, Butter auf die Brote zu streichen.

Wie war es früher bei den Senioren zu Hause: Welche Erinnerungen haben sie an frisches Brot oder ans Brotbacken? An was erinnern sie die verschiedenen Brotsorten?

Für diese Übung eignen sich zum Beispiel: Schwarzbrot, Mischbrot, Weißbrot, Körnerbrot, süßer Stuten, Knäckebrot, Zwieback, Rosinenstuten, Hefezopf, Toastbrot …

Marina (Geburtstag, Alter)

Bei Tag und Nacht denk ich an dich, Marina,
du kleine zauberhafte Ballerina.
Oh, wärst du mein, du süße Caramia,
aber du, du gehst ganz kalt an mir vorbei.

Doch eines Tages traf ich sie im Mondschein,
ich lud sie ein zu einem Glase Rotwein.
Und wie ich frage, Liebling, willst du mein sein,
gab sie mir einen Kuss, und das hieß ja!

Marina, Marina, Marina,
dein Chic und dein Charme, der gefällt.
Marina, Marina, Marina,
du bist ja die Schönste der Welt.

Wunderbares Mädchen,
bald sind wir ein Pärchen,
komm und lass mich nie alleine,
oh no, no, no, no, no.

Bei Tag und Nacht denk ich an dich, Marina
du kleine zauberhafte Ballerina.
Oh, wärst du mein, du süße Caramia,
aber du, du gehst ganz kalt an mir vorbei.

Marina, Marina, Marina,
dein Chic und dein Charme, der gefällt.
Marina, Marina, Marina,
du bist ja die schönste der Welt.

Wunderbares Mädchen,
bald sind wir ein Pärchen,
komm und lass mich nie alleine,
oh no, no, no, no, no.

Deutscher Text: Axel Weingarten
Musik: Rocco Granata
Interpret: Will Brandes

Schlagergeschichte

Ella steht vor dem großen Spiegel im Schlafzimmer und schaut kritisch an sich herunter. Der Rock, den sie trägt, sitzt schon lange nicht mehr so gut wie früher. Und auch die Bluse ist um die Hüften ein wenig enger geworden. Nein, sie ist viel enger geworden! Ella dreht sich zur Seite und zieht ihren Bauch ein. Das hat früher auch viel besser geklappt. Sie tritt ganz nah an den Spiegel heran und schaut sich die kleinen Fältchen in ihrem Gesicht an. Da muss sie plötzlich kräftig schmunzeln. Und sie erinnert sich an die Zeit, in der sie und ihr Mann Klaus sich kennengelernt haben. Als ihre Haut noch straff und rosig war. Was waren sie verliebt gewesen! Und wie schick hatte sie sich in ihren Kleidern gefühlt …

Bei Tag und Nacht denk ich an dich, Marina,
du kleine zauberhafte Ballerina.
Oh, wärst du mein, du süße Caramia,
aber du, du gehst ganz kalt an mir vorbei.

Doch eines Tages traf ich sie im Mondschein,
ich lud sie ein zu einem Glase Rotwein.
Und wie ich frage, Liebling, willst du mein sein,
gab sie mir einen Kuss, und das hieß ja!

Marina, Marina, Marina,
dein Chic und dein Charme, der gefällt.
Marina, Marina, Marina,
du bist ja die Schönste der Welt.

Wunderbares Mädchen,
bald sind wir ein Pärchen,
komm und lass mich nie alleine,
oh no, no, no, no, no.

Ach ja, was waren das noch Zeiten. Als die Knochen nach der Gartenarbeit noch nicht so wehtaten. Und als sie noch mit den Kindern auf dem Boden herumkrabbeln konnte, ohne dass die Knie schmerzten. Jetzt muss sie sich immer einen Stuhl dazustellen, wenn sie mit den Enkeln Karten spielt. Mit ihrem Rücken kommt sie sonst nach langem Sitzen auf dem Boden nicht mehr hoch. Aber schlimm – nein, schlimm ist das eigentlich nicht. Dafür hat sie jetzt jede Menge Zeit für die beiden Enkelkinder, Zeit, die ihr früher als junge Mutter sehr oft fehlte.

Ella mustert sich trotzdem noch einmal ganz genau im Spiegel. Sie fährt langsam mit den Fingern durch ihre Haare und murmelt: „Na, ihr wart im letzten Jahr aber auch noch dunkler ..." Plötzlich bemerkt sie, dass Klaus im Türrahmen steht und dreht sich zu ihm um. „Ich hab dich gar nicht kommen hören", sagt sie überrascht, „wie lange stehst du denn schon da?" Klaus geht zu ihr und nimmt sie in den Arm. „Lange genug, um zu sehen, wie wunderschön du bist!" Ella lächelt verlegen. „Komm runter, deine Gäste kommen gleich ..." Erschrocken schaut sie auf ihre Armbanduhr – tatsächlich, kurz vor acht. Sie muss den Salat noch anrichten. Und die Bowle muss aus dem Kühlschrank heraus. Im Vorbeigehen schaut sie noch einmal in den Spiegel: „Kann ich so gehen?" Klaus gibt seiner Ella einen Kuss und streicht ihr übers Haar: „Ja, natürlich, du bist das schönste Mädchen, das ich je gesehen habe!" Wieder lächelt sie verlegen. „Aber ...", beginnt sie, kommt jedoch nicht weiter, weil Klaus sie unterbricht. „Nichts aber! Komm, deine Gäste möchten gleich von dir begrüßt werden ..."

Bei Tag und Nacht denk ich an dich, Marina
du kleine zauberhafte Ballerina.
Oh, wärst du mein, du süße Caramia,
aber du, du gehst ganz kalt an mir vorbei.

Marina, Marina, Marina,
dein Chic und dein Charme, der gefällt.
Marina, Marina, Marina,
du bist ja die schönste der Welt.

Wunderbares Mädchen,
bald sind wir ein Pärchen,
komm und lass mich nie alleine,
oh no, no, no, no, no.

Und tatsächlich, kurz nachdem Ella den Salat angerichtet und die Bowle auf den Tisch gestellt hat, klingelt es an der Tür. Ella schaut noch einmal prüfend in den Spiegel an der Garderobe, legt die Schürze ab und öffnet. Dabei staunt sie nicht schlecht. Vor ihr steht der ganze Kegelverein und beginnt schon vor dem

Eintreten mit einem Ständchen. Alle singen aus voller Brust „Hoch soll sie leben ... Dreimal hoch!" Es folgen herzliche Umarmungen, lieb gemeinte Wünsche und ein großer goldener Luftballon, der eine 60 darstellt. Als Ella sich später am Abend den riesigen Ballon ansieht, der ihren Geschenketisch im Wohnzimmer schmückt, muss sie plötzlich grinsen. „Sieht gar nicht so schlecht aus, die 60, oder?", hört sie eine Stimme sagen. Wieder steht Klaus neben ihr, und wieder hat sie ihn nicht kommen hören. Ella lächelt befreit und nickt. Glücklich sieht sie in die große Runde ihrer Gäste. Klaus nimmt ihre Hand: „Komm, wir tanzen, ich leg unser Lieblingslied auf ..."

Marina, Marina, Marina,
dein Chic und dein Charme, der gefällt.
Marina, Marina, Marina,
du bist ja die schönste der Welt.

Wunderbares Mädchen,
bald sind wir ein Pärchen,
komm und lass mich nie alleine,
oh no, no, no, no, no.

Und sie tanzen, lachen, essen, trinken und plaudern. Alle haben einen ausgelassenen, fröhlichen Abend. Als Ella in der Nacht die Gläser vom Tisch abräumt, lässt sie die Zeit noch einmal Revue passieren. Was machen die paar Fältchen schon, wenn sie so viele liebe Menschen um sich hat. Und einen so großartigen Ehemann, der immer an ihrer Seite ist. Nein, sie hätte in den letzten sechzig Jahren nichts anders machen wollen. Sonst wäre sie jetzt nicht die Ella, die sie heute ist. Und sie spürt, wie glücklich sie eigentlich ist ...

Aktivierungen

Jeder von uns hat einmal im Jahr seinen ganz besonderen Ehrentag – seinen Geburtstag. Und das muss gefeiert werden! Besonders Kinder fiebern ihrem Geburtstag schon lange vorher eifrig entgegen. Sie freuen sich, im Mittelpunkt zu stehen und beschenkt zu werden. Bei den Erwachsenen werden die sogenannten runden Geburtstage meist groß gefeiert. Mit einem Geschenk oder einer Geburtstagskarte bringt man zum Ausdruck, dass man jemanden gern hat und an ihn denkt. Lädt man jemanden zu seiner Geburtstagsfeier ein, dann zeigt man ihm, dass er oder sie einem wichtig ist.

Mögliche Einstiegsfragen

Feiern Sie gern Ihren Geburtstag?
Wer hat an Ihrem Ehrentag mit Ihnen gefeiert?
Haben Sie Ihre Gäste zum Kaffee eingeladen? Zum Abendessen? Oder zu einem Umtrunk?
Erinnern Sie sich an Ihre Kindergeburtstage? Erzählen Sie uns davon?
Welche drei ehrlich gemeinten Wünsche würden Sie einer guten Freundin/einem guten Freund an dessen Geburtstag mit auf den Weg geben?

Sprichwörter und Redensarten

▷ Fordern Sie die Senioren auf, folgende Sprichwörter und Redewendungen zu ergänzen:

- Alte Leute, alte Ränke. Junge Füchse, … … neue Schwänke.
- Alter vor … … Schönheit.
- Einen alten Baum … … verpflanzt man nicht.
- Demut, diese schöne Tugend, ehrt das Alter … … und die Jugend.
- Der Alten Rat, der Jungen Tat macht … … Krummes grad.
- So gern wir alle würden alt, wenn's erst kommt, … … ist's jedem zu bald.
- Alte Bäume lassen sich nicht … … (ver)biegen.

Wir feiern heut ein Fest! Ergänzen Sie die Liedanfänge und singen Sie gemeinsam ein Geburtstagsständchen:

Zum Geburtstag viel Glück, …

… zum Geburtstag viel Glück. Zum Geburtstag, liebe(r) …, zum Geburtstag viel Glück.

Hoch soll sie/er leben, …

… hoch soll sie/er leben, dreimal hoch! Sie/er lebe hoch …

Viel Glück und viel Segen …

… auf all deinen Wegen, Gesundheit und Frohsinn sei auch mit dabei.

Wussten Sie eigentlich, ...

- dass Menschen hohen Alters in vielen Kulturen besonders geehrt und geschätzt werden?
- dass der „Tag der Ehrung der Alten" in Japan seit 1966 ein Feiertag ist, der jedes Jahr begangen wird?
- dass es in Teilen von NRW und Niedersachsen den Brauch gibt, Frauen, die an ihrem 25. Geburtstag noch nicht verheiratet sind, einen Schachtelkranz (Kranz aus kleinen Schachteln) zu schenken? Die Schachteln stehen hier tatsächlich dafür, dass die Frau zur „alten Schachtel" wird.
- dass Männer, die an ihrem 30. Geburtstag noch nicht verheiratet sind, einem alten Brauch zufolge die Domtreppe oder den Marktplatz fegen müssen?
- dass in vielen Monarchien die Geburtstage der Staatsoberhäupter mit einer besonderen Zeremonie gefeiert werden? Liegt der Geburtstag in einer Jahreszeit, in der schlechtes Wetter wahrscheinlich ist, wird die Zeremonie auf ein anderes, aber festes Datum verlegt. (So feiert Queen Elizabeth II. ihren Geburtstag im Juni, obwohl sie im April geboren wurde.)

Erinnern Sie sich an ...

... den Sketch: „Dinner for One – oder: Der 90. Geburtstag"

Der Sketch ist die am häufigsten wiederholte Produktion im deutschen Fernsehen. Seit seiner Erstausstrahlung im Jahr 1963 ist er fester Bestandteil des Silvesterprogramms. 1988 wurde er als die „weltweit am häufigsten wiederholte Fernsehproduktion" ins Guinnessbuch der Rekorde aufgenommen.

Wer hat mitgespielt? Freddie Frinton und May Warden. Heinz Pieper sprach die Einleitung.

Die Handlung

- Miss Sophie feiert ihren 90. Geburtstag und lädt wie in jedem Jahr ihr vier engsten Freunde ein.
- Das Ungewöhnliche an dieser Geburtstagsfeier ist jedoch, dass die vier Gäste bereits verstorben sind.
- Sophies Butler James schlüpft in alle vier Rollen, um ihr die gewünschte Feier zu ermöglichen.

- Da beim Abendessen zu jedem Gang alkoholische Getränke angeboten werden – und James jedes Glas vorbildlich austrinkt –, wird der Butler von einem Schluck zum nächsten immer betrunkener und verliert seinen Anstand.
- Am Ende begleitet James Miss Sophie wankend die Treppe hinauf in ihr Schlafgemach.

Der 18-minütige Sketch lebt von den immer wiederkehrenden komischen Elementen:

1. James vergewissert sich immer wieder, ob er das Richtige tut, und fragt Sophie: „The same procedure as last year, Miss Sophie?", woraufhin Sophie antwortet: „The same procedure as every year, James."

2. James stolpert beim Servieren andauernd über den Kopf des ausgelegten Tigerfells.

3. Sir Toby, einer der fiktiven Gäste, möchte stets, dass sein Glas nachgefüllt wird. James entspricht natürlich dessen Wunsch und leert das Glas anschließend auf Miss Sophies Wohl – was bewirkt, dass er bald betrunken ist ...

4. Admiral von Schneider schlug zu Lebzeiten jedes Mal die Hacken zusammen, wenn er mit Miss Sophie anstieß, und rief dabei laut: „Skål". James ahmt dies pflichtbewusst nach, obwohl ihm die Fußknöchel wehtun. Deshalb fragt er jedes Mal nach, ob Miss Sophie wirklich darauf besteht: „Must I, Miss Sophie?"

Wie gefällt Ihnen der Sketch? Schauen Sie ihn zu Silvester immer noch gerne an?

Quellenverzeichnis:

S. 8 **TULPEN AUS AMSTERDAM**
Musik: Ralf Arnie / Text: Klaus Günter Neumann, Ernst Bader
© Mit freundlicher Genehmigung BEBOTON-VERLAG GMBH, Hamburg

S. 15 **JUNGE, KOMM BALD WIEDER**
Musik: Lotar Olias / Text: Walter Rothenburg
© Mit freundlicher Genehmigung BÜHNEN- UND MUSIKVERLAGE DR. SIKORSKI GMBH & CO. KG, Hamburg

S. 21 **„WHATEVER WILL BE, WILL BE (QUE SERA SERA)"**
Music & Lyrics: Jay Livingston, Ray Evans
© Jay Livingston Music Inc.

S. 28 **DAS BISSCHEN HAUSHALT**
Text: Hans Bradtke / Musik: Henry Mayer
© 1977 by MELODIE DER WELT GmbH & Co. KG, Frankfurt/Main

S. 35 **ICH HAB' NOCH SAND IN DEN SCHUH'N AUS HAWAII**
Text: Fred Jay / Musik: Henry Mayer
© 1975 by MELODIE DER WELT GmbH & Co. KG, Frankfurt/Main

S. 60 **DU BIST DIE ROSE VOM WÖRTHERSEE**
Text: Erich Meder / Musik: Hans Lang
© 1948 by Papageno Buch- und Musikalienverlag und Bühnenverlagsgesellschaft, Wien. MELODIE DER WELT GmbH & Co. KG, Frankfurt/Main

S. 80 **TANZE MIT MIR IN DEN MORGEN**
Text: Kurt Hertha / Musik: Karl Götz
© 1961 by MELODIE DER WELT GmbH & Co. KG, Frankfurt/Main

S. 115 **IN EINER KLEINEN KONDITOREI**
Text: Ernst Neubach / Musik: Fred Raymond
© 1928 by Edition Scala, Wien.
© 1958 by MELODIE DER WELT GmbH & Co. KG, Frankfurt/Main

Abdruck mit freundlicher Genehmigung von MELODIE DER WELT GmbH & Co. KG, Frankfurt/Main.

S. 41 **GANZ IN WEISS**
Text: Kurt Hertha / Musik: Rolf Arland
© 1965 by Ed. Riva August Seith K.G. München

S. 47 **DAS MACHEN NUR DIE BEINE VON DOLORES**
Text: Bruno Balz / Musik: Michael Jary
© by MICHAEL JARY PRODUKTION, J. Michel GmbH & Co. KG, Frankfurt/Main für die Welt

S. 93 **WIR WOLLEN NIEMALS AUSEINANDERGEH'N**
Text: Bruno Balz, Gloria de Voss / Musik: Michael Jary
© by MICHAEL JARY PRODUKTION, J. Michel GmbH & Co. KG, Frankfurt/Main für die Welt

Abdruck erfolgt mit freundlicher Genehmigung von MICHAEL JARY PRODUKTION, J. Michel GmbH & Co. KG, Frankfurt/Main

S. 53 **LIEBE KLEINE SCHAFFNERIN**
Musik: Hans Lang / Text: Erich Meder
Mit freundlicher Genehmigung von: Papageno Mvlg. Ges.mbH.

S. 87 **AM ROSENMONTAG BIN ICH GEBOREN**
Musik: Charly Niessen / Text: Franz Rüger
© 1969 by MUSIKVERLAG JOHANN MICHEL GmbH & Co. KG, Frankfurt/Main

S. 100 **SCHÖN IST ES, AUF DER WELT ZU SEIN**
Musik: Werner Twardy / Text: Lilibert
© 1971 by Carlton Musikverlage Hans Gerig & Co., Bergisch Gladbach

S. 121 **MARINA**
Text und Musik: Rocco Granata
Deutscher Text: Axel Weingarten
© 1959 by GRANATA MUSIC EDITIONS, Deurne-Antwerpen, Belgien.
WEST TON VERLAG GmbH, Frankfurt/Main, für Deutschland und Österreich.

Abdruck erfolgt mit freundlicher Genehmigung von WEST TON VERLAG GmbH, Frankfurt/Main.